Klaus Schäfer

Messbuch 2.0

Änderungswünsche an das neue Messbuch

Das Foto der Titelseite wurde am Süd-Ost-Portal der Catedral de Santa Maria in Burgos (Spanien) aufgenommen. Es zeigt in der Mitte den lehrenden Christus, zu seiner Seite und darüber die 4 Evangelisten, darunter die 12 Apostel.

© Alle Rechte liegen beim Autor und Herausgeber: Klaus Schäfer

Regensburg 2025

Verlag: BoD · Books on Demand GmbH, Überseering 33,

22297 Hamburg, bod@bod.de

Druck: Libri Plureos GmbH, Friedensallee 273, 22763 Hamburg

ISBN: 978-3-8192-9889-9

1 Vorspann

1.1 Inhaltsverzeichnis

1.2 Abkürzungen

AdV   Anmerkung des Verfassers

CIC   Codex Iuris Canonici

KKK   Kathechismus der Katholischen Kirche

LG   Lumen gentium

SC   Sacrosanctum Concilium

1.3 Benutzte Literatur

Bischofskonferenzen Deutschlands, Österreichs und der Schweiz sowie der Bischöfe von Luxemburg, Bozen-Brixen und Lüttich (Hg.): Messbuch. Die Feier der heiligen Messe. 2. Auflage. Freiburg, Basel, Fribourg, Salzburg, Linz 1988.

Johannes Paul II.: Der Codex des kanonischen Rechts (Codex Iuris Canonici). Rom 1983. (CIC)

Johannes Paul II.: Kathechismus der Katholischen. Kirche. München 1993. (KKK)

Katholisches Bibelwerk: Die Bibel. Einheitsübersetzung der Heiligen Schrift. Gesamtausgabe. Stuttgart 2016.

Liturgische Institute Salzburg, Trier, Zürich: Benediktionale. Freiburg 1991.

Pallotti, Vinzenz: Gott, die unendliche Liebe. Friedberg (Augsburg) 2012.

Schäfer, Klaus: Die Spur der unendlichen Liebe. Bruchsal 2013.
https://epub.uni-regensburg.de/40411

Schäfer, Klaus: Klagen in Psalmen. Karlsruhe 2013.
https://epub.uni-regensburg.de/40665

Schäfer, Klaus: Stillgeburt. 3 Bände. Karlsruhe 2012.
https://epub.uni-regensburg.de/47883
https://epub.uni-regensburg.de/47884
https://epub.uni-regensburg.de/47885

Schäfer, Klaus: Synopse des deutschen Bestattungsrechts. Synoptischer Vergleich der Bestattungsgesetze aller 16 Bundesländer. (mit Beiträgen von Burkhard Madea). Regensburg 2023.
https://epub.uni-regensburg.de/59757

Ständige Kommission für die Herausgabe der gemeinsamen liturgischen Bücher im deutschen Sprachgebiet. Die kirchliche Begräbnisfeier. Basel, Freiburg, Wien, Regensburg, Salzburg, Linz 2009.

Zweites Vatikanische Konzil: Sacrosanctum Concilium. Rom 1963. (SC)

Zweites Vatikanische Konzil: Lumen gentium. Rom 1964. (LG)

1.4 Hinführung

Angaben zum Messbuch

Für dieses Buch liegt das Messbuch der 2. Auflage aus dem Jahr 1988 zu Grunde. Die 1. Auflage in deutscher Sprache kam 1975 heraus und damit vor genau 50 Jahren. Papst Paul VI. unterzeichnete „im sechsten Jahre Unseres Pontifikates" – hieran wird deutlich, wie er sich gesehen hat, im Gegensatz dazu Papst Franziskus, der sich als Bischof von Rom sah -, am 03.04.1969 die Apostolische Konstitution, d.h. die „Einführung des gemäß Beschluss des Zweiten Vatikanischen Konzils erneuerten Römischen Messbuches". Damit sollten die Beschlüsse des Vatikanums II. umgesetzt werden, das wiederum vor 60 Jahren beendet wurde.

Die in diesem Buch in Klammern angegebenen Zahlen nennen die Seitenzahl in diesem Messbuch der 2. Auflage.

Neben dem Evangeliar, das ausgewählte Texte der Bibel wiedergibt, ist das Messbuch das zentrale Buch in jeder Eucharistiefeier. Es führt von der Begrüßung bis zum Schlusssegen und der Entlassung durch die Liturgie. Es bildet somit den Rahmen der Eucharistiefeier, in die die anderen Komponenten wie Lieder, Lesungen, Evangelium und Fürbitten eingebunden werden. Daher hat das Messbuch für die Liturgie die zentrale Rolle. Ohne Messbuch wäre das Zusammenkommen der Gläubigen ein Bibelteilen mit Gesang. Das Messbuch macht erst aus der Versammlung der Gemeinde überhaupt die Messe.

Das Messbuch nimmt mit seinen Gebeten einen großen zeitlichen Raum ein, der mit verschiedenen Gebeten gefüllt wird: Allgemeines Schuldbekenntnis bzw. Kyrie-Ruf, Tagesgebet, Gloria, Gabengebet, Sanctus, Hochgebet, Kommunionvers, Schlussgebet und Schlusssegen. Damit ist das Messbuch das Gebetsbuch für die Eucharistiefeier.

Das Messbuch bringt in den Gebeten das Liturgische Jahr mit Advent, Weihnachtszeit, die österliche Bußzeit und den Jahreskreis zum Ausdruck. Es feiert in besonderer Weise die Hochfeste und gedenkt der von der katholischen Kirche vorgegebenen Heiligen.

Im Messbuch endet die Zeittafel der Leseordnung mit dem Jahr 2022 und ist damit seit Jahren überfällig.

Das Messbuch nimmt mit entsprechenden Gebeten an den besonderen Festen der Gläubigen teil, darunter Taufen, Firmung, Trauungen, Silberhochzeit und goldener Hochzeit, Abts- und Äbtissinnenweihen, Jungfrauweihen und Ordensprofess.

Das Messbuch bringt in entsprechenden Gebeten verschiedene Anliegen der Kirche[1] vor Gott, aber auch Anliegen für Staat und Gesellschaft,[2] in verschiedenen öffentlichen Anliegen[3] und in besonderen Anliegen.[4] Es enthält auch Messen für Verstorbene.[5] Damit betet der Priester mit dem Messbuch für alle großen Anliegen in Kirche, Staat, Gesellschaft, der Ortsgemeinde und begleitet die Gläubigen wahrlich von der Wiege bis zur Bahre.

> Das Messbuch ist das große Gebetsbuch der Kirche.

Als großes Gebetsbuch der Kirche hat es Vorbildcharakter. Es enthält den Lobpreis Gottes, sowie Bitt- und Dankgebete an Gott.

---

1 Messen und Orationen für die Kirche selbst, für den Papst, für den Bischof, für die Wahl eines Papstes oder eines Bischofs, bei einem Konzil oder einer Synode, die Priester (allgemein), für den Priester selbst, für Diener der Kirche, um Priesterberufe, für die Ordensleute, um Ordensleute, für die Laien, für die Einheit der Christen, für die Ausbreitung des Evangeliums, für die verfolgten Christen, für Christen, die in der Zerstörung leben, sowie bei Einkehrtagen und Pastoralkonferenzen.

2 Messen und Orationen für Heimat und Vaterland, für die Inhaber hoher Staatsämter, für eine Konferenz von Staatsmännern, für Herrscher oder das Staatsoberhaupt, für den Fortschritt der Völker, um Frieden und Gerechtigkeit, um Versöhnung, bei Krieg und Bürgerkrieg.

3 Messen und Orationen zum Jahresbeginn, um Segen für die Arbeit, bei der Aussaat, zum Erntedank, bei Hungersnot, für Flüchtlinge und Heimatvertriebene, für Kriegsgefangene und ungerecht verurteilte Strafgefangene, für Strafgefangene, für Kranke, für Sterbende, bei Erdbeben, um Regen, um gutes Wetter, bei Unwetter und Sturm, in jeder Not und zur Danksagung.

4 Messen und Orationen um Nachlass der Sünden, um Liebe, um Eintracht, für die Familien, für Angehörige und Freunde, für die, die uns Böses tun und um einen guten Tod.

5 Messen am Begräbnistag, für einen oder mehrere Verstorbene, für einen verstorbenen Papst, Bischof, Priester, Diakon, Ordensleute, für jung Verstorbene, für einen Verstorbenen, der in der Verkündigung tätig war, für einen nach langer Krankheit Verstorbenen, für einen plötzlich Verstorbenen, für verstorbene Eheleute, für verstorbene Eltern, für verstorbene Verwandte, Freunde und Wohltäter, für ein getauftes Kind und für ein ungetauftes Kind.

Angaben zur gesellschaftlichen Situation

> Realität ist die höchste Form von Autorität. (unbekannt)[6]

Als vor 60 Jahren das Zweite Vatikanische Konzil geendet hatte,

In Deutschland sind die Christen seit Jahren eine Minderheit. Zusammen sind es nicht einmal 50% der Einwohner. Katholisch sind davon noch nicht einmal 25% der Bewohner. Die meisten von ihnen sind über 60 Jahre alt. Der Kirchenbesuch liegt durchschnittlich bei kleiner 20%. Man kann somit sagen, dass Deutschland immer mehr zu einem Missionsland wird.

Hinzu kommen die Kirchenaustritte, für die es verschiedene Gründe gibt. Ein untergeordneter Grund ist eine Liturgie, die vor 2 Generationen (50 Jahre) verfasst wurde und die in verschiedenen Punkten heute nicht mehr zeitgemäß ist. Dass das in den 1990er Jahren angekündigte „Messbuch 2000" schon 25 Jahre überfällig ist, verschärft die Situation. Der Reformstau in der Liturgie nimmt zu. Das zeigt dieses Buch in aller Deutlichkeit.

Es soll hier jedoch nicht nur kritisiert werden, sondern es werden auch Wege aufgezeigt, in welche Richtung es gehen könnte. Vereinzelt kann man sogar von Lösungen sprechen, wie z.B. bei der „Struktur des Messbuches".

Es wäre damit Zweierlei zu wünschen:

1. dass viele der hier angesprochenen Themen umgesetzt werden;

2. dass diese Umsetzung rasch geschieht.[7]

---

6   Wer diesen Satz nicht anerkennt, soll – der Schwerkraft trotzend - ohne fremde Hilfsmittel als Mensch 3 Schritte an der Decke gehen.

7   Zu diesem Zweck wurden hier auch Lösungsansätze aufgezeigt.

2 Anstehende Veränderungen

2.1 Struktur des Messbuchs

Das Messbuch der katholischen Kirche hat verschiedene Teile und Einschübe. Unterzieht man das Messbuch einer nüchternen Bestandsaufnahme, ergibt sich das folgende Bild:

Geprägte Zeiten	A I	A II	B I	B II	C I	C II
Advent	X	5			X	X
Weihnachtszeit	W	3				
Österliche Bußzeit / Fastenzeit	X	4				
Osterzeit	X	5			X	X
Hochfeste des Herrn						
Geburt des Herrn (Weihnachten)	X				X	X
Erscheinung des Herrn (6. Januar)	X	X	X	X	X	X
Verkündigung des Herrn (25. März)	O	O	X	X		
Ostern						
Christi Himmelfahrt	X	2	X	X	X	X
Pfingsten	O		X	X		
Dreifaltigkeitsfest	O	O				
Fronleichnam	E	E				
Herz-Jesu-Fest	O	O				
Christkönigsfest	O	O				
Hochfeste der Gottesmutter						
ohne Erbsünde empfangen (8. Dez.)	O	O	X			
Gottesmutter Maria (1. Januar)	W					
Aufnahme Mariens in den Himmel (15.08)	O	O	X	X		
Hochfeste der Heiligen						
hl. Josef (19. März)	O	J				
Geburt des hl. Johannes des Täufers (24.06.)	O	O	X	X		

Geprägte Zeiten	A I	A II	B I	B II	C I	C II
Hochfest der hl. Petrus und Paulus (29.06.)	O	O				
Allerheiligen (1. November)	O	O	X	X		
Allerseelen (2. November)	V	V				

Tab. 1 Einschübe im Messbuch

A = Präfation / B = Einschub im Hochgebet / C = Feierlicher Schlusssegen

I = Messbuch I / II = Messbuch II

O = am entsprechenden Tag enthalten; E = von Eucharistie; J = vom hl. Josef; V = Verstorbene; W = Weihnachtspräfation; X = enthalten; Ziffer = Anzahl der Texte im Messbuch

sonst im Messbuch vorhanden	A I	A II	B I	B II	C I	C II
An Neujahr					X	X
Leiden Christi / Leiden des Herrn	X	2			X	X
An Sonntagen	X	8	X	X		
heilige Eucharistie	X	2				
von den Engeln		X				
vom heiligen Josef		X				
von den Aposteln		2				
von den Heiligen		2				
von den Märtyrern		2				
von den Hirten der Kirche		2				
von den heiligen Jungfrauen und Ordensleuten		X				
von den Wochentagen		6				
Verstorbene	X	5				
Taufe des Herrn (Sonntag nach dem 6. Jan.)	O					
Fünfter Fastensonntag		O				
Palmsonntag	O					
Gründonnerstag	O					
Verklärung des Herrn (6. August)	O	O				
Kreuzerhöhung (14. September)	O	O				
Jahresgedächtnis einer Kirchweihe	O					
Von Weihnachten bis Neujahr			X	X		
Osternacht bis zum Weißen Sonntag			X	X		
Am eigenen Kirchweihfest	O	O	X	X	X	X
An Lichtmess (2. Februar)			X	X		
An Mariä Geburt		O		X		
An Mariä Empfängnis				X		

sonst im Messbuch vorhanden	A I	A II	B I	B II	C I	C II
Darstellung des Herrn (2. Februar)	O	O				
Vom Heiligen Geist					X	X
Im Jahreskreis					6	6
Von der seligen Jungfrau Maria					X	X
Von den Aposteln Petrus und Paulus					X	X
Von den Aposteln						X
Von allen Heiligen					X	X
In Messen für Verstorbene					X	X
Wettersegen					X	X

Tab. 1 Einschübe im Messbuch

A = Präfation / B = Einschub im Hochgebet / C = Feierlicher Schlusssegen

I = Messbuch I / II = Messbuch II

O = am entsprechenden Tag enthalten; E = von Eucharistie; J = vom hl. Josef; V = Verstorbenen; W = Weihnachtspräfation; X = enthalten; Ziffer = Anzahl der Texte im Messbuch

Eigene Präfationen haben im Messbuch II:

Hl. Bonifatius (05.06.); Gedächtnis der Schmerzen Mariens (15.09.); hl. Ruprecht und hl. Virgil (24.09.); hl. Nikolaus von Flüe (25.09.); hl. Hedwig (16.10.); hl. Willibrord (07.11.); Elisabeth von Thüringen (19.11.); Trauungsmessen; bei der Jungfrauenweihe; bei der Ordensprofess – Ewige Profess; bei einer Altarweihe; für die Einheit der Christen; vom Heiligen Geist;

Eigene Einschübe im Hochgebet haben im Messbuch II:

Bei der Jungfrauenweihe; bei der Ordensprofess – Ewige Profess;

Eigenen feierlichen Schlusssegen haben im Messbuch II:

bei der Firmspendung; Trauungsmessen; bei der Jungfrauenweihe; bei der Ordensprofess – Ewige Profess; bei einer Altarweihe.

Bestandsaufnahme

Die bisher im Gebrauch befindlichen Messbücher - das rote „Messbuch I" und das blaue „Messbuch II" - wurden auf ihre Systematik hin untersucht.

Bei den geprägten Zeiten (Advent, Weihnachtszeit, Fastenzeit, Osterzeit) wurde eine gewisse Systematik erkannt: Die Präfation stand bei den Hochfesten (des Herrn, der Gottesmutter und der Heiligen) meist bei den übrigen Texte des Tages. Der Einschub bei den Hochgebeten und der Schlusssegen scheint willkürlich verteilt worden zu sein. Diese fehlende Systematik widerspricht der Gleichwertigkeit der Hochfeste.

Die übrigen Festtage und die Werktage lassen ebenso eine gewisse Systematik erkennen: Wird der Anlass im Jahr nur einmal begangen, so ist die Präfation beim übrigen Text des Tages; wird das Fest aber mehrmals begangen (z.B. Apostel und Heilige), befindet sich die Präfation bei den übrigen Präfationen.

Dass die geprägten Zeiten keinen Einschub im Hochgebet besitzen, könnte irgendwie begründet werden. Dass aber nicht alle Hochfeste einen Einschub im Hochgebet haben, widerspricht dem Charakter des Hochfestest. Dass hingegen Lichtmess, Mariä Geburt und Mariä Empfängnis einen Einschub im Hochgebet haben, stellt ein Zerrbild der Wertigkeiten dar.

Dass es nur für die Tage von Weihnachten bis Neujahr, nicht aber bis zum Ende der Weihnachtszeit einen Einschub im Hochgebet gibt, ist unverständlich; gleiches gilt für die Osterzeit. - Die geprägten Zeiten sind mit violett bzw. weiß als liturgische Farbe gekennzeichnet. Somit könnten sie auch entsprechende Einschübe – es wären insgesamt nur vier – im Hochgebet haben. Auf diese Weise würden den Gläubigen die geprägten Zeiten deutlicher bewusst gemacht werden.

Von den 18 Hochfesten haben 3 einen eigenen Schlusssegen, bei den übrigen 15 Hochfesten wird zum Hochfest auf einen Schlusssegen verwiesen, der auch in einem anderen Zusammenhang gespendet wird. Dass die selige Jungfrau Maria, die Apostel Petrus und Paulus, die übrigen Apostel sowie die Heiligen einen Schlusssegen besitzen, schmälert den Charakter der 15 Hochfeste.

Irritierend sind die unterschiedliche Bezeichnungen in den Messbüchern: mal ist es die österliche Bußzeit, mal die Fastenzeit; mal ist es das Hochfest der Gottesmutter Maria, mal das Neujahr; mal ist es das Leiden Christi, mal das Leiden des Herrn.

Fazit: Beim Erstellen von Messbuch I und Messbuch II scheinen persönliche Vorlieben der Verfasser gegenüber einer klaren Systematik den Vorrang gegeben zu haben. Anders sind die lückenhaften Tabellen 1 und 2 nicht zu erklären. Mit „Verfasser" sind nicht nur die Personen gemeint, die die aktuelle Fassung ausgearbeitet haben, sondern auch alle jene, die vorausgehende Ausgaben der beiden Messbücher erstellt haben.

Empfehlungen für das neue Messbuch

Damit in die neuen Messbücher weniger Individualismus, dafür aber mehr Systematik kommt, werden hier ein paar Grundregeln für die neuen Messbücher empfohlen:

1. Alle Hochfeste sollten beim übrigen Text des Tages eine eigene Präfation und einen eigenen Schlusssegen besitzen.

2. Alle Hochfeste sollten in den Hochgebeten einen eigenen Einschub besitzen.

3. Einschübe in die Hochgebete und feierliche Schlusssegen sollte nur Hochfesten vorbehalten sein.

4. Die Punkte 1 bis 3 könnten auch für die geprägten Zeiten gelten.

5. Wird ein Fest einmal im Jahr gefeiert (z.B. Darstellung des Herrn), ist die Präfation bei den übrigen Texten des Tages zu platzieren.

6. Wird das Fest mehrmals im Jahr gefeiert (z.B. Märtyrer), ist die Präfation vor den Hochgebeten zu platzieren, damit sie von anderen Festen dieser Gruppe mit benutzt werden können.

Eine klare Systematik würde die geprägten Zeiten und die Hochfeste deutlicher gegenüber den Heiligenfesten herausheben. Daneben würde es die Handhabung der Messbücher sehr erleichtern, da man damit grundsätzlich wüsste, wo die einzelnen Teile der Liturgie zu finden sind.

Christen glauben an einen dreifaltigen Gott, an Vater, Sohn und Heiligen Geist. Die Dreifaltigkeit ist ein zentrales Glaubensthema, das mit dem Auftrag Jesu (Mt 28,19) schon in der Taufe seinen Niederschlag hat. Die Dreifaltigkeit bekennen wir mit jedem Kreuzzeichen.

Eine Dreifaltigkeit feiert die katholische Kirche am Sonntag nach Pfingsten. In der hohen Bedeutung der Dreifaltigkeit liegt es nahe, den Dreifaltigkeitssonntag zum Hochfest zu erheben.

Weihnachten und Ostern sind die Hochfeste des Sohnes, Pfingsten das Hochfest des Heiligen Geistes. Gott-Vater ist kein eigenes Hochfest gewidmet. Als mögliches Hochfest bietet sich Erntedank an. Dabei könnte Gott-Vater als der Schöpfer aller Dinge gefeiert werden.

Geprägte Zeiten	A I	A II	B I	B II	C I	C II
Advent	X	5	X	X	X	X
Weihnachtszeit	W	3	X	X	X	X
Österliche Bußzeit / Fastenzeit	X	4	X	X	X	X
Osterzeit	X	5	X	X	X	X
Hochfeste des Herrn						
Geburt des Herrn (Weihnachten)	O	O	X	X	O	O
Erscheinung des Herrn (6. Januar)	O	O	X	X	O	O
Verkündigung des Herrn (25. März)	O	O	X	X	O	O
Ostern	O	O	X	X	O	O
Christi Himmelfahrt	O	O	X	X	O	O
Pfingsten	O	O	X	X	O	O
Dreifaltigkeitsfest	O	O	X	X	O	O
Fronleichnam	O	O	X	X	O	O
Herz-Jesu-Fest	O	O	X	X	O	O
Christkönigsfest	O	O	X	X	O	O
Hochfeste der Gottesmutter						
ohne Erbsünde empfangen (8. Dez.)	O	O	X	X	O	O
Gottesmutter Maria (1. Januar)	O	O	X	X	O	O
Aufnahme Mariens in den Himmel (15.08)	O	O	X	X	O	O
Hochfeste der Heiligen						
hl. Josef (19. März)	O	O	X	X	O	O
Geburt des hl. Johannes des Täufers (24.06.)	O	O	X	X	O	O
Hochfest der hl. Petrus und Paulus (29.06.)	O	O	X	X	O	O
Allerheiligen (1. November)	O	O	X	X	O	O
Allerseelen (2. November)	O	O	X	X	O	O

Tab. 1 Einschübe im Messbuch

A = Präfation / B = Einschub im Hochgebet / C = Feierlicher Schlusssegen

I = Messbuch I / II = Messbuch II

O = am entsprechenden Tag enthalten; E = von Eucharistie; J = vom hl. Josef; V = Verstorbene; W = Weihnachtspräfation; X = enthalten; Ziffer = Anzahl der Texte im Messbuch

2.2 Gottesbilder

2.2.1 Der strafende Gott

Tun-Ergehen-Zusammenhang

Das Gottesbild eines strafenden Gottes geht auf den Tun-Ergehen-Zusammenhang zurück. Ihm liegt die Annahme zu Grunde, dass man von Gott Gutes erfährt, wenn man Gutes tut, und Böses erlebt, wenn man Böses tut. So, wie wir uns Gott, den Mitmenschen und uns gegenüber verhalten, so wird Gott sich auch uns gegenüber verhalten.

Im Wikipedia wird zum Tun-Ergehen-Zusammenhang auf alttestamentliche Stellen verwiesen, so z.B. auf Koh 4,1-2, Spr 10,3 und Spr 11,31. Dazu gibt es in Gen 3 den bekannten Sündenfall mit der Vertreibung aus dem Paradies als Bestrafung. Vom Anfang der Bibel an wird ein strafender Gott vermittelt,

Das verwundert nicht, da dieses auf das altägyptische „Maat" zurückgeht, das Konzept der Weltordnung und der Staatsführung. Wer die Gerechtigkeit und die Wahrheit lebt, den lieben die Götter und lassen ihm Gutes zukommen. Wer jedoch Schlechtes tut, wird Schlechtes erleben. So sagte Ptahhotep um das Jahr 2350 v.C.: „Wer Ma´at tut, ist frei von Unrecht." Zum Umkehrschluss sagte Anch-Scheschonki um das Jahr 350 v.C. „Wenn Re einem Lande zürnt, dann läßt er darin die Ma´at aufhören." Von seinem Zeitgenossen Petosiris ist der Spruch überliefert: „Ich tat dies, weil ich dachte, zu Gott zu gelangen nach dem Tode, und weil ich mir des Tages bewusst war, an dem die Herren der Ma´at uns scheiden werden im Gericht."

Der Tun-Ergehen-Zusammenhang trifft im menschlichen Zusammenleben allgemein zu. Im persönlichen Erleben sieht es zuweilen anders aus. Dass auch der Gerechte Leid erfährt, zeigt das Buch Ijob auf. Die Antwort, die das Buch Ijob auf die Theodizee-Frage gibt, lautet, Leid ist eine Prüfung des Glaubens.

Eigenes Leid und das Leid der Anderen

Bei Leiderfahrungen geht es nicht nur um das persönlich erlebte Leid. Es geht auch darum, wie man selbst mit dem Leid der Anderen umgeht. Es ist einfach und leicht, dem Leidenden zu sagen, dass er in sich gehen solle, denn Gott wird ihn schon für irgend eine Sünde mit diesem Leid bestrafen. So haben es schon die „Freunde" von Ijob getan. So machen es noch heute einige fromme Menschen. Statt mit dem Leidenden mitzuleiden, Anteil an dessen Leid zu nehmen, wird dieser als Sünder abgestempelt – und dies zumeist in ungerechtfertigter Weise.

Das Bild eines strafenden Gottes hält einerseits die über 4.000 Jahre alte Antwort des Leidenden weiterhin aufrecht, wofür er von Gott bestraft wird. Als Zeitgenosse des Leidenden verführt das Bild eines strafenden Gottes dazu, den Leidenden in ungerechter Weise als Sünder abzustempeln. Beides sollte verhindert werden. Daher sollte das Bild eines strafenden Gottes aus den liturgischen Büchern[8] verschwinden, auch im Messbuch.

Jesus hat mehrfach den Tun-Ergehen-Zusammenhang verworfen. So verwies er auf Gott, der auf Gerechte und Ungerechte regnen lässt (Mt 5,45). Die Blindheit des Jungen deutet er durch dessen Heilung als Verherrlichung Gottes (Joh 9,1-2). Dessen ungeachtet pflegen nicht nur die Menschen den Tun-Ergehen-Zusammenhang weiter, sondern auch die katholische Theologie.

Der heilige Vinzenz Pallotti (1795-1850) schrieb das heute noch erhältliche Büchlein „Gott, die unendliche Liebe". Mit anderen Worten, die Liebe, die keine Grenzen kennt. Heißt es doch bereits in Jes 49,13:

Kann denn eine Frau ihr Kindlein vergessen, ohne Erbarmen sein gegenüber ihrem leiblichen Sohn? Und selbst wenn sie ihn vergisst: Ich vergesse dich nicht.

Die größte menschliche Liebe ist die der Mutter zu ihrem Kind. Dieser Vers drückt aus, dass die Liebe noch größer ist, als die Liebe einer Mutter zu ihrem Kind. Daher ist es nachvollziehbar, dass der heilige Vinzenz Pallotti Gott als die „unendliche Liebe" erkannt hat.

Beispiele aus dem Messbuch

Im aktuellen Messbuch wird an einigen Stellen ein strafender Gott vermittelt:

Du hast den Menschen in deiner Güte erschaffen und ihn, als er der gerechten Strafe verfallen war, in deiner großen Barmherzigkeit erlöst durch unseren Herrn Jesus Christus (443)[9]

Eingerahmt in einen gütigen und barmherzigen Gott wird hier von einer „gerechten Strafe" gesprochen. Hierzu stellen sich eine Reihe von Fragen:

---

8 Hierzu gehören die Lektionare wie auch die Stundenbücher. Denn wer diese Texte wiederkehrend liest oder vorgelesen bekommt, läuft Gefahr, dass er das Bild eines strafenden Gottes annimmt, verfestigt und weitergibt. Dies sollte unterbunden werden.
9 Die in Klammer angegebene Zahl nennt die Seitenzahl des grünen Messbuches.

- Wer, außer Gott, könnte hierbei die Strafe verhängen?

- Wer, außer Gott, könnte die Bestrafung ausführen?

- Wodurch wurde der Mensch straffällig?

Wenn es die durch Adam und Eva geschaffene Erbsünde war, so besagt unsere heutige Erkenntnis, dass dies ein prähistorischer Mythos auf die Theodizee-Frage ist, warum es Leid in der Welt gibt.

Als neue Formulierung wäre denkbar:

Du hast den Menschen in deiner Güte erschaffen und ihn in deiner großen Barmherzigkeit erlöst durch unseren Herrn Jesus Christus (443)

Doch auch hier ist die Frage, wovon uns Jesus erlöst hat. Nach KKK 388 werden wir durch Jesus von der Erbsünde erlöst. Nach KKK 616 geschah dies durch sein Opfer am Kreuz.

Du hast uns mit verdienter Strafe heimgesucht; (1107)

Hier wird die Strafe als „verdient" bezeichnet. Dieser ganze Satz sollte im neuen Messbuch ersatzlos gestrichen werden.

Barmherziger Gott,
sei deinem Volk gnädig.
Sprich uns los von aller Schuld
und erlaß uns die Strafe,
die wir für unsere Sünden verdienen. (1112)

Auch hier begegnet uns der strafende Gott. An ihn wendet sich der Beter, dass ihm die „verdiente" Strafe erlassen wird. Diese beiden Stellen sollten ersatzlos aus dem Messbuch gestrichen werden.

Wir leiden an den Folgen unserer Sünden; (1077)

Damit wird das erfahrene Leid als Folge unserer Sünden dargestellt. Diesen Zusammenhang zwischen eigenem Handeln und erfahrenem Leid kann es geben. Das zeigt das berühmte Beispiel mit der heißen Herdplatte auf: Wer eine heiße Herdplatte anfasst, verbrennt sich die Finger oder gar die ganze Hand.

Sehnsucht nach Erkenntnis

> Doch das Leben ist komplexer als die heiße Herdplatte. Dies soll am Beispiel von Stillgeburt – damit werden alle während der Schwangerschaft verstorbenen Kinder zusammengefasst – aufzeigen. Unter Frauen nach Stillgeburt führte ich in den Jahren 2004 bis 2012 eine ausgedehnte Online-Umfrage durch. Dabei stellte ich die Frage: „Was meinen Sie: Woran ist Ihr Kind gestorben?" Die eine Frau antwortete, dass sie an einer Party 2 Schachteln Zigaretten geraucht und sich zur Besinnungslosigkeit betrunken hat. Damit ist klar: Dieses Kind ist an einer Nikotin- und Alkoholvergiftung gestorben. Eine andere Frau hingegen antwortete: „Ich habe an einem Sektglas genippt."

Um die Antwort der 2. Frau besser einordnen zu können, diese Erklärung: Wir Menschen wollen die Welt verstehen, in der wir leben. Keine Antwort auf unsere Frage zu haben, quält uns sehr. Das zeigt die Theodizee-Frage, auf die es bis heute keine allgemein gültige und gut nachvollziehbare Antwort gibt. Dennoch reiben sich immer wieder Menschen an dieser Frage.

So wollen Mütter nach einer Stillgeburt verstehen, was die Ursache für den Tod ihres Kindes ist. Eine verwaiste Mutter formulierte es so: „Ich durchforschte für den Zeitraum der Schwangerschaft meinen Terminkalender Tag für Tag und suchte dabei nach dem Mörder meines Kindes."

Wenn bei einer solchen Suche kein anderer „Mörder" des eigenen Kindes gefunden wird, dann hat für diese verwaiste Mutter das Nippen am Sektglas das Kind umgebracht. Dies ist aber keinesfalls zutreffend.

> Dass es selbst in der Technik irreführendes „Erkennen" gibt, soll dieses Beispiel aufzeigen: Als gelernter Elektromechaniker war ich in den letzten Jahren vor meinem Ordensleben in der Ausbildung tätig. Dabei gehörte mit hinzu, dass ich Fehler einbaute, die die Lehrgangsteilnehmer zu suchen hatte. Für die stufenlos regelbare Neonbeleuchtung eines Containers gab es eine aufwändige Elektronik. Für die Steuerung gab es 3 Taster: „Hell", Dunkel" und „Stop". Ich veränderte in der Elektronik die Geschwindigkeit, mit der es heller bzw. dunkler wurde, auf sehr langsam. Den Lehrgangsteilnehmern aber sagte ich, dass es nicht mehr dunkel werden würde.
>
> Zunächst überprüften die Lehrgangsteilnehmer den Fehler und drückten auf „Dunkel", doch es geschah nichts – in der gewohnten Geschwindigkeit. Dann

drückten sie „Hell", später auch „Stop", denn ich könnte die Taster vertauscht haben.[10] Doch auch dabei geschah nichts – in der gewohnten Geschwindigkeit. Sie drückten noch ein paar Mal auf die Taster, bis sie erkannten, dass sie damit nicht weiter kamen. Also Schaltplan ausbreiten, Schaltschrank öffnen und mit den Messungen beginnen.

Damit hatte ich mein 1. Ziel erreicht und ging aus dem Container, damit die Lehrgangsteilnehmer in Ruhe den Fehler suchen konnten. Nach wenigen Minuten kehrte ich in den Container zurück. Nun saßen die Lehrgangsteilnehmer mit den Taschenlampen im Dunkeln. Mir war sofort klar: Ein Lehrgangsteilnehmer hatte zuletzt auf „Dunkel" gedrückt.

Ich heuchelte, „Schön, Ihr habt den Fehler gefunden." Verlegen antworten sie: „Nein, denn jetzt haben wir ein anderes Problem. Es wird nicht mehr hell." Ich ließ mir erklären, was sie bisher herausgefunden hatten. Dabei zeigte sich mir, dass sie dem Fehler keinen Schritt näher gekommen waren. Dass es ganz langsam dunkel wurde, wurde ihnen nicht bewusst. Also gab ich ihnen einen kleinen Hinweis und verließ wieder den Container.

Als ich wieder die Tür des Containers öffnete, standen die Lehrgangsteilnehmer im Hellen an der Tür. Nun war ich verwundert: „Was macht Ihr hier an der Tür?" Übereinstimmend sagten sie: „Sie haben hier an der Türe einen Schalter angebracht. Sie gingen raus und es wurde dunkel. Sie gehen wieder raus und es wird hell."

Da wurde mir klar, dass die Lehrgangsteilnehmer zwei zeitlich zusammenfallende Ereignisse miteinander in Verbindung brachten, obwohl sie nichts miteinander zu tun hatten. Dass Techniker zu einem solchen „Aberglauben" fähig sind, verwundert mich noch heute. Es beschreibt aber sehr deutlich, wie wir „ticken", die Welt zu verstehen, in der wir leben.

---

10 So einfach wollte ich es aber den Lehrgangsteilnehmern nicht machen. Sie sollten zeigen, dass sie die Elektronik verstanden haben und mit entsprechenden Messungen den darin enthaltenen Fehler finden.

Mit Beginn des 21. Jh. sollten wir uns von diesem leidvollen Tun-Ergehen-Zusammenhang verabschieden. Wir sollten nicht länger Gott als Lückenbüßer oder gar als Sündenbock[11] missbrauchen. Das wir auch nach Jahrtausenden[12] noch keine zufriedenstellende Antwort auf die Theodizee-Frage haben, dürfen wir davon ausgehen, dass wir auch in den nächsten Jahrtausenden auf diese Frage keine allgemein gültige Antwort finden werden. (bekommen?)

Es wird - wie von einigen Religiösen - der Teufel für das Leid in der Welt verantwortlich gemacht. Da wir aber Gott als allmächtig ansehen und er somit stärker als der Satan ist, fiele somit die Schuld letztendlich wieder auf Gott zurück, der in seiner Allmacht dem Teufel nicht Einhalt gebietet. (gebieten kann?) Vor dem Sündenfall habe es eine paradiesische Welt gegeben. Jedoch müssen wir aus heutiger Sicht zugeben, dass dies ein Mythos ist.

Da wir keine Antwort auf die Theodizee-Frage haben, sollte im Messbuch Gott auch nicht als strafender Gott vermittelt werden.

---

11 Es ist unsere Sünde, Gott in dieser Weise zu missbrauchen.

12 Wie Mythen zeigen, versuchten die Menschen bereits in prähistorischer Zeit, die Welt zu verstehen und eine Antwort auf die Theodizee-Frage zu finden. Das wohl bekannteste Beispiel ist die Antwort darauf, warum Frauen unter Schmerzen ihre Kinder gebären müssen (Gen 3).

2.2.2 Der zornige Gott

Zorn, eine Form eines strafenden Gottes

Gottes Zorn zu erfahren, ist eine Vorstellungsform eines strafenden Gottes, denn der Zorn richtet sich gegen den Verursacher des Zorns, gegen den Sünder. Wer also Leid (Gottes Zorn) erfährt, hat gesündigt. So die einfache Schlussfolgerung.

Die Bibel ist voll von solchen Beispielen. Das sicherlich bekanntesten Beispiele sind diese:

- die Vertreibung aus dem Paradies (Gen 3)
  Adam und Eva lebten im Paradies. Gott erlaubte, von allen Früchten zu essen, nur nicht vom in der Mitte stehenden Baum der Erkenntnis. Eva aß davon und gab davon auch Adam. Die Schlange hatte sie dazu verführt. Deswegen muss die Schlange auf dem Bauch kriechen, Eva ihre Kinder unter Schmerzen gebären und zusammen mit Adam das Paradies verlassen.

- die Sintflut (Gen 6-8)
  Weil die Menschen sündigten, beauftragte Gott Noach mit der Bau einer Arche, in die er von jedem Tier ein Paar aufnehmen sollte. In die Arche sollten sich Noach und seine Familie retten. Dann ertränkte Gott alle Tiere und Menschen in der Sintflut.

- die Vernichtung von Sodom und Gomorra. (Gen 19,1-29)
  Weil die Menschen in Sodom und Gomorra sündigten, ließ Gott „Schwefel und Feuer" auf die beiden Städte regnen und vernichtete sie damit. Nur Lot und seine beiden Töchter wurden gerettet. Lots Frau erstarrte zu einer Salzsäule, weil sie zurückblickte.

- die 10 Plagen (Ex 7-11)
  Weil der Pharao das Volk Israel nicht ziehen lassen wollte, schlug er Ägypten mit 10 Plagen:

  1. Das Wasser des Nils wurde blutrot und ungenießbar. (Ex 7,20)

  2. Ägypten erlebte eine Froschplage. (Ex 8,1)

  3. Stechmücken plagten Mensch und Vieh. (Ex 8,13)

  4. Stechfliegen füllten die Häuser. (Ex 8,16)

5. Viehpest tötete viele Tiere. (Ex 9,1)

6. Geschwüre plagten Mensch und Tiere. (Ex 9,10)

7. Hagel tötete Menschen und Tiere und zerstörte die Ernte. (Ex 9,22)

8. Finsternis bedeckte 3 Tage lang das Land. (Ex 10,21)

9. Der Erstgeborene bei Mensch und Tier starben. (Ex 11,4)

Aus heutiger Sicht ist zu sagen, dass diese „Strafen" Gott zugeschrieben wurden, weil die Menschen in ihrem Streben nach Erkenntnis – sie wollen die Welt verstehen, in der sie leben – eine Geschichte erfinden, die das erklärt, für das sie (noch) keine Antwort haben. Die Sehnsucht nach Erkenntnis ist somit die Triebfeder für die Erfindung solcher Gott zugeschriebenen Straftaten.

Beispiel im Messbuch

Dass im Messbuch von einem zornigen Gott gesprochen wird, ist nicht mehr zeitgemäß und auf der Grundlage der kritisch-historischen Forschung theologisch unhaltbar.

Um des Leidens Christi willen
wende die Geißel deines Zornes ab,
die wir für unsere Sünden verdienen,
und zeige uns von neuem deine Huld. (1078)

Deutlicher kann man den Zusammenhang von Gottes Zorn und begangenen Sünden nicht beschreiben. Diese Verknüpfung sollte in der Theologie – und damit auch in der Liturgie - verworfen werden.

Als neue Formulierung wäre denkbar:

Um des Leidens Christi willen
stehe den Leidenden bei
und erweise ihnen deine Huld.

oder

Jesus Christus hat als Mensch gelitten.
Es weiß, was Leid ist.
Lindere daher unser Leid.

Besonders diese Sichtweise, „Jesus hat als Mensch gelitten. Daher weiß Gott aus eigenem Erleben, was Leid heißt" hat viel Potential.

Auf der onkologischen Station erzählte mir ein Krebspatient einige Tage vor seinem Tod seine Situation wie folgt:

„Tagsüber, wenn die Schmerzen wieder kommen, oder abends, bevor ich einschlafe, oder nachts, wenn ich nicht schlafen kann, schaue ich auf den Jesus, der mir gegenüber an der Wand am Kreuz hängt und halte Zwiesprache mit ihm. Ich sage zu ihm: 'Wir beide sind Leidensgenossen: Du hast Schmerzen, ich habe Schmerzen. Du hast den Tod vor Augen. Ich haben den Tod vor Augen. Wir beide sind echte Leidensgenossen. Daher verstehe ich Dich und Du verstehst mich.'"

Im Umgang mit Leid im Messbuch sollte besonders aus dieser Sichtweise geschöpft werden. Damit fühlen sich einerseits die Gläubigen in ihrem Leid verstanden. Andererseits wird damit aufgezeigt, dass Gott unser Leid nachvollziehen kann.

Anekdote aus der Philosophiegeschichte

Der deutsche Philosoph, Mathematiker, Jurist, Historiker und politische Berater der frühen Aufklärung, Gottfried Wilhelm Leibniz (1646-1716) beschäftigte sich unter anderem auch mit der Theodizee-Frage. Als Antwort darauf fand er, dass er die "beste aller möglichen Welten" geschaffen hat.[13] Philosophie und Theologie griffen diese Antwort auf. Dann zerstörte am 01.11.1755 ein Erdbeben mit Tsunami Portugals Hauptstadt Lissabon fast vollständig. Es starben schätzungsweise 30.000 bis 100.000 Menschen.

Dass das Erdbeben an Allerheiligen erfolgte und dass so viele Menschen dabei starben, wäre noch hinzunehmen gewesen, aber ausgerechnet das Rotlichtviertel Lissabons, die Alfama, blieb verschont. Dabei hätte im Blick auf Sodom und Gomorra besonders dieser Stadtteil zerstört worden müssen. Daher fand die Leibniz´sche Antwort zur Theodizee-Frage mit diesem Erdbeben sein Ende. Theodor Adorno schrieb 1966 in Negative Dialektik, "das Erdbeben von Lissabon reichte hin, Voltaire von der Leibniz'schen Theodizee zu heilen".[14]

Fazit: Auf die Theodizee-Frage gibt es keine Antwort.

---

13 https://de.wikipedia.org/wiki/Die_beste_aller_m%C3%B6glichen_Welten
14 https://de.wikipedia.org/wiki/Erdbeben_von_Lissabon_1755

2.2.3 Das Über-Ich

Sigmund Freud (1856-1939) stufte mit dem Strukturmodell der Psyche das menschliche Verhalten und die Kommunikation zwischen zwei Menschen in drei Stufen ein:

- Das Kind-Ich
  Das Kind-Ich drückt sich in Hilflosigkeit aus. Es kann nichts und weiß nichts. Es wendet sich an ein Über-Ich, das ihm in allem hilft.

- Das Erwachsenen-Ich
  Das Erwachsenen-Ich agiert als Erwachsener. Es weiß um die eigenen Stärken und Schwächen, aber auch um die eigene Verantwortung. In der Kommunikation wendet sich das Erwachsenen-Ich immer an ein Erwachsenen-Ich. Man begegnet sich auf Augenhöhe.

- Das Über-Ich
  Das Über-Ich drückt sich in der Allmacht aus. Es kann alles und weiß alles. Es stellt damit den Gegenpol zum Kind-Ich dar. In der Kommunikation wendet sich das Über-Ich immer an ein Kind-Ich, dem es helfen und das unterstützen will.

Ein Gottesbild des Über-Ichs erfolgt daher immer aus der Haltung des Kind-Ichs heraus. Es nimmt den Menschen aus der eigenen Verantwortung. Man braucht sich nur an (allmächtigen) Gott zu wenden. Der wird dann schon alles regeln und uns zum Guten führen.

Dieses Gottesbild des Über-Ichs ist durch das ganze Messbuch hindurch zu finden. Besonders deutlich kommt es bei den Themen „Krieg" und „Frieden" zum Ausdruck. Dabei wird Gott als Erschaffer und Erhalter des Friedens dargestellt. Damit wird die Eigenverantwortung für Krieg und Frieden Gott übertragen. Indirekt wird damit aber Gott verantwortlich für Krieg und Frieden gemacht. Dem ist aber nicht so. Krieg und Frieden sind von Menschen geschaffene Zustände. Gott kann uns nur dabei behilflich sein, Frieden zu schließen und Frieden zu erhalten.

Wenn in diesem Buch das Über-Ich nur in dem Kapitel „Krieg und Frieden" genauer unter die Lupe genommen wird, sollte in der Neufassung des Messbuchs aus allen Gebeten das Über-Ich entfernt werden.

2.3 Kommunionverse

Auf dem Zweiten Vatikanischen Konzil wurde in SC 51 beschlossen, „die Schatzkammer der Bibel" weit zu öffnen. In dessen Folge wurden für die Sonntage drei Lesejahre eingeführt. Lesejahr A enthält vor allem Texte aus dem Matthäus-Evangelium, Lesejahr B aus dem Markus-Evangelium und Lesejahr C aus dem Lukas-Evangelium. Die Texte aus dem Johannes-Evangelium sind hauptsächlich auf die geprägten Zeiten – die Advents- und Weihnachtszeit, die Fasten- und die Osterzeit – verteilt.

Im Messbuch sind zwar für alle Sonntage sogenannte Kommunionverse angegeben, aber meist nur einer. Oft bezieht er sich auf Texte aus dem alten Testament, dabei häufig auf den Psalter. Psalmen kommen jedoch in der Eucharistie nicht als Lesungen vor.[15] Damit spiegeln die Kommunionverse die drei Lesejahre nicht wider.

Mit Kommunionversen, die sich ausschließlich auf die Evangelientexte beziehen, könnten der Kernsatz des Evangeliums den Gläubigen in Erinnerung gerufen werden. Dieses in „Erinnerung rufen" würde einen nachhaltigen Lerneffekt haben.

Möge diese Sammlung an Kommunionversen dazu beitragen, dass sich auch im Messbuch die drei Lesejahre wiederfinden und somit auch mit dem Messbuch „die Schatzkammer der Bibel" weit öffnet.

---

15 Dabei wäre es sehr sinnig, z.B. zum Evangelium vom guten Hirten den Psalm 23 vom guten Hirten zu lesen. In der evangelischen Kirche hatten zumindest früher alle Konformanden den Psalm 23 auswendig zu lernen, andernfalls wurden sie nicht zur Konformation zugelassen.
Als Klinikseelsorger erlebe ich es immer wieder, wie sehr besonders der Mittelteil des Psalm 23 den Kranken, Sterbenden und auch den Trauernden Kraft und Trost spendet.

2.3.1 Advents- und Weihnachtszeit

1. Adventsonntag

Der Herr wird seinen Segen spenden,
und unsere Erde bringt ihre Frucht hervor. Ps 85 (84), 13

A: Seid also wachsam! Denn ihr wisst nicht, an welchem Tag euer Herr kommt. (Mt 24,42)

B: Gebt Acht und bleibt wach! Denn ihr wisst nicht, wann die Zeit da ist. (Mk 13,33)

C: Wacht und betet allezeit, damit ihr allem, was geschehen wird, entrinnen und vor den Menschensohn hintreten könnt! (Lk 21,36)

2. Adventsonntag

Jerusalem, erhebe dich,
steig auf den Berg und schau die Freude,
die von deinem Gott zu dir kommt. Bar 5, 5; 4, 36

A: Bereitet den Weg des Herrn! / Macht gerade seine Straßen! (Mk 1,3)

B: Stimme eines Rufers in der Wüste: Bereitet den Weg des Herrn! (Mk 1,3)

C: Bereitet den Weg des Herrn! / Macht gerade seine Straßen! (Lk 3,4)

3. Adventsonntag

Sagt den Verzagten: Habt Mut, fürchtet euch nicht!
Seht, hier ist euer Gott!
Er selbst wird kommen und euch erretten. Jes 35, 4

A: Tote stehen auf und Armen wird das Evangelium verkündet. (Mt 11,5)

B: Mitten unter euch steht einer, den ihr nicht kennt. (Joh 1,26)

C: Er wird euch mit dem Heiligen Geist und mit Feuer taufen. (Lk 3,16)

4. Adventsonntag

Seht, die Jungfrau wird empfangen und einen Sohn gebären.
Sein Name ist Immanuel, Gott mit uns. Jes 7, 14

A: Sie werden ihm den Namen Immanuel geben, / das heißt übersetzt: Gott mit uns. (Mt 1,23)

B: Siehe, ich bin die Magd des Herrn; mir geschehe, wie du es gesagt hast. (Lk 1,38)

C: Selig, die geglaubt hat, dass sich erfüllt, was der Herr ihr sagen ließ. (Lk 1,45)

Weihnachten – Am Heiligen Abend

Gepriesen sei der Herr, der Gott Israels!
Denn er hat sein Volk besucht und ihm Erlösung geschaffen. Lk 1, 68

A: Ihm sollst du den Namen Jesus geben; denn er wird sein Volk von seinen Sünden erlösen. (Mt 1,21)

B: Sie werden ihm den Namen Immanuel geben, / das heißt übersetzt: Gott mit uns. (Mt 1,23)

C: Sie werden ihm den Namen Immanuel geben, / das heißt übersetzt: Gott mit uns. (Mt 1,23)

Weihnachten – In der Heiligen Nacht

Das Wort ist Fleisch geworden,
und wir haben seine Herrlichkeit geschaut. Joh 1,14

A: Ehre sei Gott in der Höhe / und Friede auf Erden / den Menschen seines Wohlgefallens. (Lk 2,14)

B: Ehre sei Gott in der Höhe / und Friede auf Erden / den Menschen seines Wohlgefallens. (Lk 2,14)

C: Ehre sei Gott in der Höhe / und Friede auf Erden / den Menschen seines Wohlgefallens. (Lk 2,14)

Weihnachten – Am Morgen

Juble laut, Tochter Zion, jauchze, Tochter Jerusalem,
siehe, dein König kommt zu dir, der Heilige, der Heiland der Welt.
Vgl. Sach 9, 9

A: Sie fanden Maria und Josef und das Kind, das in der Krippe lag. (Lk 2,16)

B: Sie fanden Maria und Josef und das Kind, das in der Krippe lag. (Lk 2,16)

C: Sie fanden Maria und Josef und das Kind, das in der Krippe lag. (Lk 2,16)

Weihnachten – Am Tag

Alle Enden der Erde sahen die rettende Tat unseres Gottes. Vgl. Ps 98 (97), 3

A: Im Anfang war das Wort und das Wort war bei Gott und das Wort war Gott. (Joh 1,1)

B: Im Anfang war das Wort und das Wort war bei Gott und das Wort war Gott. (Joh 1,1)

C: Im Anfang war das Wort und das Wort war bei Gott und das Wort war Gott. (Joh 1,1)

Fest der Heiligen Familie

Unser Gott ist auf der Erde erschienen,
als Mensch unter den Menschen. Bar 3, 38

A: Er wird Nazoräer genannt werden. (Mt 2,23)

B: Das Kind wuchs heran und wurde stark, erfüllt mit Weisheit, und Gottes Gnade ruhte auf ihm. (Lk 2,40)

C: Wusstet ihr nicht, dass ich in dem sein muss, was meinem Vater gehört? (Lk 2,49)

Oktavtag von Weihnachten – Hochfest der Gottesmutter Maria

Jesus Christus ist derselbe gestern und heute und in Ewigkeit. Hebr 13, 8

A: Als acht Tage vorüber waren, gab man ihm den Namen Jesus. (Lk 2,21)

B: Als acht Tage vorüber waren, gab man ihm den Namen Jesus. (Lk 2,21)

C: Als acht Tage vorüber waren, gab man ihm den Namen Jesus. (Lk 2,21)

Zweiter Sonntag nach Weihnachten

Allen, die ihn aufnahmen,
gab er Macht, Kinder Gottes zu werden. Joh 1, 12

A: Und das Wort ist Fleisch geworden und hat unter uns gewohnt. (Joh 1,14)

B: Und das Wort ist Fleisch geworden und hat unter uns gewohnt. (Joh 1,14)

C: Und das Wort ist Fleisch geworden und hat unter uns gewohnt und wir haben seine Herrlichkeit geschaut. (Joh 1,14)

Erscheinung des Herrn

Wir haben seinen Stern aufgehen sehen
und sind gekommen, dem Herrn mit Geschenken zu huldigen. Vgl. Mi 2, 2

A: Als sie den Stern sahen, wurden sie von sehr großer Freude erfüllt. (Mt 2,10)

B: Als sie den Stern sahen, wurden sie von sehr großer Freude erfüllt. (Mt 2,10)

C: Als sie den Stern sahen, wurden sie von sehr großer Freude erfüllt. (Mt 2,10)

Taufe des Herrn (1. Sonntag im Jahreskreis)

Dieser ist es, über den Johannes gesagt hat:
Ich habe es gesehen und lege Zeugnis ab:
Dieser ist der Sohn Gottes. Joh 1, 30.34

A: Dieser ist mein geliebter Sohn, an dem ich Wohlgefallen gefunden habe. (Mt 3,17)

B: Du bist mein geliebter Sohn, an dir habe ich Wohlgefallen gefunden. (Mk 1,11)

C: Du bist mein geliebter Sohn, an dir habe ich Wohlgefallen gefunden. (Lk 3,22)

2.3.2 Die Fastenzeit und die Osterzeit

Aschermittwoch

Wer über die Weisung des Herrn nachsinnt bei Tag und Nacht,
bringt seine Frucht zur rechten Zeit. Ps 1, 2-3

A: Wenn du Almosen gibst, soll deine linke Hand nicht wissen, was deine rechte tut. (Mt 6,3)

B: Wenn du Almosen gibst, soll deine linke Hand nicht wissen, was deine rechte tut. (Mt 6,3)

C: Wenn du Almosen gibst, soll deine linke Hand nicht wissen, was deine rechte tut. (Mt 6,3)

1. Fastensonntag

Nicht nur vom Brot lebt der Mensch,
sondern von jedem Wort, das aus Gottes Mund kommt. Mt 4,4

oder

Mit seinen Flügeln schirmt dich der Herr,
unter seinen Schwingen findest du Zuflucht. Ps 91 (90), 4

A: Den Herrn, deinen Gott, sollst du anbeten und ihm allein dienen. (Mt 4,10)

B: Kehrt um und glaubt an das Evangelium! (Mk 1,15)

C: Du sollst den Herrn, deinen Gott, nicht auf die Probe stellen. (Lk 4,12)

2. Fastensonntag

Dies ist mein geliebter Sohn, an dem ich Gefallen gefunden habe:
Auf den sollt ihr hören. Mt 17, 5

A: Dieser ist mein geliebter Sohn, an dem ich Wohlgefallen gefunden habe; auf ihn sollt ihr hören. (Mt 17,5)

B: Dieser ist mein geliebter Sohn; auf ihn sollt ihr hören. (Mk 9,7)

C: Dieser ist mein auserwählter Sohn, auf ihn sollt ihr hören. (Lk 9,35)

3. Fastensonntag

Wer von dem Wasser trinkt, das ich ihm geben werde,
wird niemals mehr Durst haben. Es wird in ihm zur Quelle,
deren Wasser ins ewige Leben sprudelt - so spricht der Herr. Joh 4, 13-14

oder

Der Sperling findet ein Haus und die Schwalbe ein Nest für ihre Jungen
- deine Altäre, Herr der Heerscharen, mein Gott und mein König!
Selig, die wohnen in deinem Haus, die dich allezeit loben! Ps 84 (83), 4-5

A: Meine Speise ist es, den Willen dessen zu tun, der mich gesandt hat. (Joh 4,34)

B: Macht das Haus meines Vaters nicht zu einer Markthalle! (Joh 2,16)

C: Vielleicht trägt er in Zukunft Früchte. (Lk 13,9)

4. Fastensonntag

Der Herr salbte meine Augen;
ich ging hin, wusch mich und wurde sehend
und glaube an Gott. Vgl. Joh 9. 11.38a

oder

Freue dich, mein Sohn, denn dein Bruder war tot und lebt wieder ;
er war verloren und wurde wieder gefunden. Vgl. Lk 15, 32

oder

Jerusalem, du starke Stadt, dicht gebaut und fest gefügt!
Dorthin ziehen die Stämme hinauf, die Stämme des Herrn,
den Namen des Herrn zu preisen. Ps 122 (121), 3-4

A: Und als er zurückkam, konnte er sehen. (Joh 9,7)

B: Gott hat seinen Sohn nicht in die Welt gesandt, damit er die Welt richtet, sondern damit die Welt durch ihn gerettet wird. (Joh 3,17)

C: Denn dieser, mein Sohn, war tot und lebt wieder; er war verloren und ist wiedergefunden worden. Und sie begannen, ein Fest zu feiern. (Lk 15,24)

5. Fastensonntag

Jeder, der lebt und an mich glaubt,
wird in Ewigkeit nicht sterben - so spricht der Herr. Joh 11, 26

oder

Frau, hat dich keiner verurteilt? - Keiner, Herr!
Auch ich verurteile dich nicht.
Geh und sündige von jetzt an nicht mehr! Joh 8, 10-11

oder

Amen, Amen, ich sage euch:
Wenn das Weizenkorn nicht in die Erde fällt und stirbt,
bleibt es allein.
Wenn es aber stirbt, bringt es reiche Frucht. Joh 12, 24-25

A: Ich bin die Auferstehung und das Leben. Wer an mich glaubt, wird leben, auch wenn er stirbt. (Joh 11,25)

B: Wenn ich über die Erde erhöht bin, werde alle zu mir ziehen. (Joh 12,32)

C: Auch ich verurteile dich nicht. Geh und sündige von jetzt an nicht mehr! (Joh 8,11)

Palmsonntag

Mein Vater, wenn dieser Kelch an mir nicht vorübergehen kann und
ich ihn trinken muß, so geschehe dein Wille. Mt 26, 42

A: Das ist Jesus, der König der Juden. (Mt 27,37)

B: Mein Gott, mein Gott, warum hast du mich verlassen? (Mk 15,34)

C: Amen, ich sage dir: Heute noch wirst du mit mir im Paradies sein. (Lk 23,43)

Gründonnerstag – Hoher Donnerstag – Chrisam-Messe

Von den Taten deiner Huld, Herr, will ich ewig singen,
bis zum fernsten Geschlecht laut deine Treue verkünden. Ps 89 (88), 2

A: Heute hat sich das Schriftwort, das ihr eben gehört habt, erfüllt. (Lk 4,21)

B: Heute hat sich das Schriftwort, das ihr eben gehört habt, erfüllt. (Lk 4,21)

C: Heute hat sich das Schriftwort, das ihr eben gehört habt, erfüllt. (Lk 4,21)

Gründonnerstag – Hoher Donnerstag – Messe vom Letzten Abendmahl

Das ist mein Leib, der für euch hingegeben wird.
Dieser Kelch ist der Neue Bund in meinem Blut.
Sooft ihr dieses Brot eßt und diesen Kelch trinkt,
tut es zum Gedenken an mich - so spricht der Herr. 1 Kor II, 24.25

A: Ich habe euch ein Beispiel gegeben, damit auch ihr so handelt, wie ich an euch gehandelt habe. (Joh 13,15)

B: Ich habe euch ein Beispiel gegeben, damit auch ihr so handelt, wie ich an euch gehandelt habe. (Joh 13,15)

C: Ich habe euch ein Beispiel gegeben, damit auch ihr so handelt, wie ich an euch gehandelt habe. (Joh 13,15)

Karfreitag

A: Ihr sollt wissen, dass ich keine Schuld an ihm finde. (Joh 19,4)

B: Ihr sollt wissen, dass ich keine Schuld an ihm finde. (Joh 19,4)

C: Ihr sollt wissen, dass ich keine Schuld an ihm finde. (Joh 19,4)

Ostersonntag – Die Feier der Osternacht

Unser Osterlamm ist geopfert, Christus, der Herr. Halleluja!
Wir sind befreit von Sünde und Schuld.
So laßt uns Festmahl halten in Freude. Halleluja! Vgl. I Kor 5, 7-8

A: Er ist nicht hier; denn er ist auferstanden, wie er gesagt hat. (Mt 28,6)

B: Ihr sucht Jesus von Nazaret, den Gekreuzigten. Er ist auferstanden; er ist nicht hier. (Mk 16,6)

C: Was sucht ihr den Lebenden bei den Toten? Er ist nicht hier, sondern er ist auferstanden. (Lk 25,5f)

Ostersonntag – Am Tag

Unser Osterlamm ist geopfert, Christus, der Herr. Halleluja.
Wir sind befreit von Sünde und Schuld.
So laßt uns Festmahl halten in Freude. Halleluja. Vgl. 1 Kor 5, 7-8

A: Er sah und glaubte. (Joh 20,8)

B: Er sah und glaubte. (Joh 20,8)

C: Er sah und glaubte. (Joh 20,8)

Ostermontag

Christus ist vom Tod erstanden; er stirbt nicht mehr.
Gebrochen ist die Macht des Todes. Halleluja. Vgl. Röm 6, 9

A: Da erzählten auch sie, was sie unterwegs erlebt und wie sie ihn erkannt hatten, als er das Brot brach. (Lk 24,35)

B: Da erzählten auch sie, was sie unterwegs erlebt und wie sie ihn erkannt hatten, als er das Brot brach. (Lk 24,35)

C: Da erzählten auch sie, was sie unterwegs erlebt und wie sie ihn erkannt hatten, als er das Brot brach. (Lk 24,35)

2. Sonntag der Osterzeit

Selig, die nicht sehen und doch glauben. Halleluja. Joh 20, 29

A: Jesus trat in ihre Mitte und sagte zu ihnen: Friede sei mit euch! (Joh 20,19)

B: Jesus trat in ihre Mitte und sagte zu ihnen: Friede sei mit euch! (Joh 20,19)

C: Jesus trat in ihre Mitte und sagte zu ihnen: Friede sei mit euch! (Joh 20,19)

3. Sonntag der Osterzeit

Die Jünger erkannten den Herrn Jesus,
als er das Brot brach. Halleluja. Vgl. Lk 24,35

oder

Es steht geschrieben:
Der Messias wird leiden
und am dritten Tag von den Toten auferstehen,
und in seinem Namen wird man allen Völkern die Bekehrung predigen,
damit ihre Sünden vergeben werden. Halleluja. Lk 24, 46-47

oder

Jesus sprach zu seinen Jüngern: Kommt und eßt!
Und er nahm das Brot und gab es ihnen. Halleluja. Vgl. Joh 21, 12-13

A: Dies war schon das dritte Mal, dass Jesus sich den Jüngern offenbarte, seit er von den Toten auferstanden war. (Joh 21,14)

B: Jesus trat in ihre Mitte und sagte zu ihnen: Friede sei mit euch! (Lk 24,36)

C: Dies war schon das dritte Mal, dass Jesus sich den Jüngern offenbarte, seit er von den Toten auferstanden war. (Joh 21,14)

4. Sonntag der Osterzeit

Auferstanden ist der Gute Hirt. Er gab sein Leben für die Schafe.
Er ist für seine Herde gestorben. Halleluja.

A: Ich bin gekommen, damit sie das Leben haben und es in Fülle haben. (Joh 10,10)

B: Ich bin der gute Hirt. Der gute Hirt gibt sein Leben hin für die Schafe. (Joh 10,11)

C: Ich gebe ihnen ewiges Leben. (Joh 10,28)

5. Sonntag der Osterzeit

So spricht der Herr:
Ich bin der wahre Weinstock, ihr seid die Rebzweige.
Wer in mir bleibt und in wem ich bleibe,;
der bringt reiche Frucht. Halleluja. Joh 15, 1.5

A: Glaubt an Gott und glaubt an mich! (Joh 14,1)

B: Ich bin der Weinstock, ihr seid die Reben. (Joh 15,5)

C: Liebt einander! Wie ich euch geliebt habe, so sollt auch ihr einander lieben. (Joh 13,34)

6. Sonntag der Osterzeit

So spricht der Herr:
Wenn ihr mich liebt, werdet ihr meine Gebote halten.
Ich werde den Vater bitten,
und er wird euch einen anderen Beistand geben,
damit er immer bei euch bleibt. Halleluja. Joh 14, 15-16

A: Wer meine Gebote hat und sie hält, der ist es, der mich liebt. (Joh 14,21)

B: Wenn ihr meine Gebote haltet, werdet ihr in meiner Liebe bleiben. (Joh 15,10)

C: Frieden hinterlasse ich euch, meinen Frieden gebe ich euch. (Joh 14,27)

Christi Himmelfahrt

Ich bin bei euch alle Tage bis zum Ende der Welt. Halleluja. Mt 28, 20

A: Ich bin mit euch alle Tage bis zum Ende der Welt. (Mt 28,20)

B: Geht hinaus in die ganze Welt und verkündet das Evangelium der ganzen Schöpfung! (Mk 16,15)

C: Während er sie segnete, verließ er sie und wurde zum Himmel emporgehoben. (Lk 24,51)

7. Sonntag der Osterzeit

Ich bitte dich, Vater, laß sie eins sein,
wie wir eins sind. Halleluja. Vgl. Joh 17. 22

A: Verherrliche deinen Sohn, damit der Sohn dich verherrlicht! (Joh 17,1)

B: Vater, bewahre sie in deinem Namen, den du mir gegeben hast, damit sie eins sind wie wir! (Joh 17,11)

C: Alle sollen eins sein: Wie du, Vater, in mir bist und ich in dir bin, sollen auch sie in uns sein. (Joh 17,21)

Pfingsten – Am Vorabend

Am letzten Tag des Festes, dem großen Tag,
stand da Jesus und rief:
Wer Durst hat, komme zu mir und trinke. Halleluja. Joh 7,37

A: Wer Durst hat, komme zu mir und es trinke, wer an mich glaubt. (Joh 7,37f)

B: Wer Durst hat, komme zu mir und es trinke, wer an mich glaubt. (Joh 7,37f)

C: Wer Durst hat, komme zu mir und es trinke, wer an mich glaubt. (Joh 7,37f)

Pfingsten – Am Tag

Alle wurden mit dem Heiligen Geist erfüllt
und verkündeten Gottes große Taten. Halleluja. Vgl. Apg 2, 4.11

A: Jesus trat in ihre Mitte und sagte zu ihnen: Friede sei mit euch! (Joh 20,19)

B: Jesus trat in ihre Mitte und sagte zu ihnen: Friede sei mit euch! (Joh 20,19)

C: Jesus trat in ihre Mitte und sagte zu ihnen: Friede sei mit euch! (Joh 20,19)

Pfingstmontag

Wenn der Geist der Wahrheit kommt,
wird er euch in die volle Wahrheit einführen. Halleluja. Joh 16, i3

A: Alles, was der Vater hat, ist mein. (Joh 16,15)

B: Selig sind die Augen, die sehen, was ihr seht. Lk 10,23)

C: Denn Gott hat die Welt so sehr geliebt, dass er seinen einzigen Sohn hingab, damit jeder, der an ihn glaubt, nicht verloren geht, sondern ewiges Leben hat. (Joh 3,16)

2.3.3 Herrenfeste im Jahreskreis

Dreifaltigkeitssonntag

Weil ihr Söhne seid,
sandte Gott den Geist seines Sohnes in eure Herzen,
den Geist, der ruft: Abba, Vater. Gal 4,6

A: Denn Gott hat die Welt so sehr geliebt, dass er seinen einzigen Sohn hingab, damit jeder, der an ihn glaubt, nicht verloren geht, sondern ewiges Leben hat. (Joh 3,16)

B: Ich bin mit euch alle Tage bis zum Ende der Welt. (Mt 28,20)

C: Alles, was der Vater hat, ist mein. (Joh 16,15)

Fronleichnam

So spricht der Herr:
Wer mein Fleisch ißt und mein Blut trinkt,
der bleibt in mir, und ich bleibe in ihm. Joh 6, 56

A: Ich bin das lebendige Brot, das vom Himmel herabgekommen ist. Wer von diesem Brot isst, wird in Ewigkeit leben. (Joh 6,51)

B: Jesus nahm das Brot und sprach den Lobpreis; dann brach er das Brot, reichte es ihnen und sagte: Nehmt, das ist mein Leib. (Mk 14,22)

C: Alle aßen und wurden satt. (Lk 9,17)

Heiligstes Herz Jesu

Wer Durst hat, komme zu mir,
und es trinke, wer an mich glaubt!
Die Schrift sagt:
Aus seinem Inneren werden Ströme von lebendigem Wasser fließen. Joh 7, 37-38

oder

Ein Soldat stieß mit der Lanze in seine Seite,
und sogleich floß Blut und Wasser heraus. Joh 19, 34

A: Kommt alle zu mir, die ihr mühselig und beladen seid! Ich will euch erquicken. (Mt 11,28)

B: Sie werden auf den blicken, den sie durchbohrt haben. (Joh 19,37)

C: Freut euch mit mir, denn ich habe mein Schaf wiedergefunden, das verloren war! (Lk 15,6)

1. Sonntag im Jahreskreis (Taufe des Herrn)

A: (siehe oben)

B: (siehe oben)

C: (siehe oben)

2. Sonntag im Jahreskreis

Herr, du deckst mir den Tisch vor den Augen meiner Feinde.
Du füllst mir reichlich den Becher. Ps 23 (22), 5

oder

Wir haben die Liebe erkannt und an die Liebe geglaubt,
die Gott zu uns hat. 1.Joh 4, i6

A: Seht, das Lamm Gottes, das die Sünde der Welt hinwegnimmt! (Joh 1,29)

B: Wir haben den Messias gefunden - das heißt übersetzt: Christus. (Joh 1,41)

C: Du hast den guten Wein bis jetzt aufbewahrt. (Joh 2,10)

3. Sonntag im Jahreskreis

Blickt auf zum Herrn, so wird euer Gesicht leuchten,
und ihr braucht nicht zu erröten. Ps 34 (33), 6

oder

Ich bin das Licht der Welt - so spricht der Herr.
Wer mir nachfolgt, wird nicht in der Finsternis gehen.
Er wird das Licht des Lebens haben. Joh 8, 12

A: Das Volk, das im Dunkel saß, / hat ein helles Licht gesehen. (Mt 4,16)

B: Kehrt um und glaubt an das Evangelium! (Mk 1,15)

C: Heute hat sich das Schriftwort, das ihr eben gehört habt, erfüllt. (Lk 4,21)

4. Sonntag im Jahreskreis

Laß dein Angesicht leuchten über deinem Knecht,
hilf mir in deiner Güte.
Herr, laß mich nicht scheitern, denn ich rufe zu dir. Ps 31 (30), 17-18

oder

Selig, die vor Gott arm sind;
denn ihnen gehört das Himmelreich.
Selig, die keine Gewalt anwenden; denn sie werden das Land erben. Mt 5, 3-5

A: Euer Lohn wird groß sein im Himmel. (Mt 5,12)

B: Die Menschen waren voll Staunen über seine Lehre; denn er lehrte sie wie einer, der Vollmacht hat. (Mk 1,22)

C: Kein Prophet wird in seiner Heimat anerkannt. ((Lk 4,24)

5. Sonntag im Jahreskreis

Wir wollen dem Herrn danken für seine Huld,
für sein wunderbares Tun an den Menschen,
weil er die hungernde Seele mit seinen Gaben erfüllt hat. Ps 107 (106), 8-9

oder

Selig, die trauern; denn sie werden getröstet werden.
Selig, die hungern und dürsten nach der Gerechtigkeit;
denn sie werden satt werden. Mt 5, 4.6

A: So soll euer Licht vor den Menschen leuchten, damit sie eure guten Taten sehen und euren Vater im Himmel preisen. (Mt 5,16)

B: Jesus ging zu ihr, fasste sie an der Hand und richtete sie auf. (Mk 1,31)

C: Fürchte dich nicht! Von jetzt an wirst du Menschen fangen. (Lk 5,10)

6. Sonntag im Jahreskreis

Alle aßen und wurden satt; er gab ihnen, was sie begehrten.
Ihr Verlangen wurde erfüllt. Vgl. Ps 78 (77), 29-30

oder

Gott hat die Welt so geliebt, daß er seinen einzigen Sohn hingab,
damit jeder, der an ihn glaubt, nicht zugrunde geht,
sondern das ewige Leben hat. Joh 3, 16

A: Ich bin nicht gekommen, um aufzuheben, sondern um zu erfüllen. (Mt 5,17)

B: Jesus berührte ihn und sagte: Ich will - werde rein! (Mk 1,41)

C: Selig, die ihr jetzt weint, denn ihr werdet lachen. (Lk 6,21)

7. Sonntag im Jahreskreis

Herr, verkünden will ich all deine Wunder.
Ich will jauchzen und an dir mich freuen,
für dich, du Höchster, will ich singen und spielen. Ps 9, 2-3

oder

Ja, Herr, ich glaube, daß du der Messias bist,
der Sohn Gottes, der in die Welt kommen soll. Joh 11, 27

A: Seid also vollkommen, wie euer himmlischer Vater vollkommen ist! (Mt 5,48)

B: Jesus sagte er zu dem Gelähmten: Mein Sohn, deine Sünden sind dir vergeben! (Mk 2,5)

C: Seid barmherzig, wie auch euer Vater barmherzig ist! (Lk 6,36)

8. Sonntag im Jahreskreis

Singen will ich dem Herrn, weil er mir Gutes getan hat,
den Namen des Höchsten will ich preisen. Ps 13 (12), 6

oder

Ich bin bei euch alle Tage bis zum Ende der Welt - so spricht der Herr. Mt 28, 20

A: Sucht zuerst sein Reich und seine Gerechtigkeit; dann wird euch alles andere dazugegeben. (Mt 6,33)

B: Können denn die Hochzeitsgäste fasten, solange der Bräutigam bei ihnen ist? (Mk 2,19)

C: Wovon das Herz überfließt, davon spricht sein Mund. (Lk 6,45)

9. Sonntag im Jahreskreis

Ich rufe dich an, denn du, Gott, erhörst mich.
Wende dein Ohr mir zu, vernimm meine Rede. Ps 17 (16), 6

oder

So spricht der Herr: Amen, ich sage euch:
Betet und bittet, um was ihr wollt;
glaubt nur, daß ihr es schon erhalten habt, dann wird es euch zuteil. . Mk 11, 23-24

A: Jeder, der diese meine Worte hört und danach handelt, ist wie ein kluger Mann, der sein Haus auf Fels baute. (Mt 7,24)

B: Was ist am Sabbat erlaubt - Gutes zu tun oder Böses, ein Leben zu retten oder es zu vernichten? (Mk 3,4)

C: Sprich nur ein Wort, dann wird mein Diener gesund. (Lk 7,7)

10. Sonntag im Jahreskreis

Herr, du bist mein Fels, meine Burg, mein Retter,
mein Gott, meine Zuflucht. Ps 18 (17), 3

oder

Gott ist Liebe, und wer in der Liebe bleibt, bleibt in Gott,
und Gott bleibt in ihm. 1.Joh 4, 16

A: Barmherzigkeit will ich, nicht Opfer! (Mt 9,13)

B: Wer den Willen Gottes tut, der ist für mich Bruder und Schwester und Mutter. (Mk 3,35)

C: Jüngling, ich sage dir: Steh auf! (Lk 7,14)

11. Sonntag im Jahreskreis

Nur eines erbitte ich mir vom Herrn, danach verlangt mich:
im Haus des Herrn zu wohnen alle Tage meines Lebens. Ps 27 (26). 4

oder

Heiliger Vater, bewahre sie in deinem Namen, die du mir gegeben hast,
damit sie eins sind wie wir. Joh 17, 11

A: Geht und verkündet: Das Himmelreich ist nahe! (Mt 10,7)

B: Mit dem Reich Gottes ist es so, wie wenn ein Mann Samen auf seinen Acker sät. (Mk 4,26)

C: Dein Glaube hat dich gerettet. Geh in Frieden! (Lk 7,50)

12.Sonntag im Jahreskreis

Aller Augen warten auf dich, o Herr,
und du gibst ihnen Speise zur rechten Zeit. Ps 145 (144), 15

oder

Ich bin der gute Hirt. Ich gebe mein Leben für meine Schafe — so spricht der Herr.
Joh 10, 11.15

A: Fürchtet euch nicht! Ihr seid mehr wert als viele Spatzen. (Mt 10,31)

B: Er sagte zu ihnen: Warum habt ihr solche Angst? (Mk 4,40)

C: Wer sein Leben um meinetwillen verliert, der wird es retten. (Lk 9,24)

13.Sonntag im Jahreskreis

Lobe den Herrn, meine Seele!
Alles in mir lobe seinen heiligen Namen. Ps 103 (102), 1

oder

Vater, ich bitte für sie, daß sie in uns eins seien,
damit die Welt glaubt, daß du mich gesandt hast - so spricht der Herr. Joh 17, 20-
21

A: Wer das Leben um meinetwillen verliert, wird es finden. (Mt 10,39)

B: Jesus sagte zu dem Synagogenvorsteher: Fürchte dich nicht! Glaube nur! (Mk 5,36)

C: Und er schickte Boten vor sich her. (Lk 9,52)

14.Sonntag im Jahreskreis

Kostet und seht, wie gütig der Herr ist.
Selig der Mensch, der bei ihm seine Zuflucht nimmt. Ps 34 (33), 9

oder:

Kommt alle zu mir,
die ihr euch plagt und unter Lasten stöhnt!
Ich will euch Ruhe verschaffen - so spricht der Herr. Mt 11, 28

A: Kommt alle zu mir, die ihr mühselig und beladen seid! Ich will euch erquicken. (Mt 11,28)

B: Und die vielen Menschen, die ihm zuhörten, gerieten außer sich vor Staunen. (Mk 6,2)

C: Bittet also den Herrn der Ernte, Arbeiter für seine Ernte auszusenden! (Lk 10,2)

15. Sonntag im Jahreskreis

Der Sperling findet ein Haus
und die Schwalbe ein Nest für ihre Jungen -
deine Altäre, Herr der Heere, mein Gott und mein König!
Selig, die wohnen in deinem Haus, die dich allezeit loben! Ps 84 (83), 4-5

oder

So spricht der Herr:
Wer mein Fleisch ißt und mein Blut trinkt,
der bleibt in mir, und ich bleibe in ihm. Joh 6, 56

A: Wer Ohren hat, der höre! (Mt 13,9)

B: Jesus sandte sie aus, jeweils zwei zusammen. (Mk 6,7)

C: Dann geh und handle du genauso! (Lk 10,37)

16. Sonntag im Jahreskreis

Ein Gedächtnis seiner Wunder hat der Herr gestiftet,
gnädig und barmherzig ist der Herr.
Er gibt denen Speise, die ihn fürchten. Ps 111 (110), 4-5

oder

So spricht der Herr:
Ich stehe an der Tür und klopfe.
Wenn einer meine Stimme hört und die Tür öffnet,
werde ich bei ihm eintreten und mit ihm Mahl halten,
und er mit mir. Offb 3, 20

A: Dann werden die Gerechten im Reich ihres Vaters wie die Sonne leuchten. (Mt 13,43)

B: Kommt mit an einen einsamen Ort, wo wir allein sind, und ruht ein wenig aus! (Mk 6,31)

C: Maria setzte sich dem Herrn zu Füßen und hörte seinen Worten zu. (Lk 20,39)

17.Sonntag im Jahreskreis

Lobe den Herrn, meine Seele,
und vergiß nicht, was er dir Gutes getan hat! Ps 103 (102), 2

oder

Selig, die barmherzig sind; denn sie werden Erbarmen finden.
Selig, die ein reines Herz haben; denn sie werden Gott schauen. Mt 5, 7-8

A: Mit dem Himmelreich ist es wie mit einem Schatz, der in einem Acker vergraben war. (Mt 13,44)

B: Das ist wirklich der Prophet, der in die Welt kommen soll. (Joh 6,14)

C: Erlass uns unsere Sünden; / denn auch wir erlassen jedem, was er uns schuldig ist. (Lk 11,4)

18.Sonntag im Jahreskreis

Herr, du hast uns Brot vom Himmel gegeben,
das allen Wohlgeschmack in sich enthält. Weish 16, 20

oder

So spricht der Herr:
Ich bin das Brot des Lebens,
wer zu mir kommt, wird nicht mehr hungern,
und wer an mich glaubt, wird nicht mehr Durst haben. Joh 6, 35

A: Alle aßen und wurden satt. (Mt 14,30)

B: Ich bin das Brot des Lebens; wer zu mir kommt, wird nie mehr hungern, und wer an mich glaubt, wird nie mehr Durst haben. (Joh 6,14)

C: Wem wird dann das gehören, was du angehäuft hast? (Lk 12,20)

19.Sonntag im Jahreskreis

Jerusalem, preise den Herrn, er sättigt dich mit bestem Weizen. Ps 147, 12.14

oder

So spricht der Herr:
Das Brot, das ich geben werde, ist mein Fleisch;
ich gebe es hin für das Leben der Welt. Joh 6, 51

A: Die Jünger fielen vor Jesus nieder und sagten: Wahrhaftig, Gottes Sohn bist du. (Mt 14,

B: Ich bin das lebendige Brot, das vom Himmel herabgekommen ist. Wer von diesem Brot isst, wird in Ewigkeit leben. (Joh 6,51)

C: Der Menschensohn kommt zu einer Stunde, in der ihr es nicht erwartet. (Lk 12,40)

20.Sonntag im Jahreskreis

Beim Herrn ist die Huld, bei ihm ist Erlösung in Fülle. Ps 130 (129), 7

oder

So spricht der Herr:
Ich bin das lebendige Brot, das vom Himmel herabgekommen ist.
Wer von diesem Brote ißt, wird leben in Ewigkeit. Joh 6, 51

A: Die Jünger fielen vor Jesus nieder und sagten: Wahrhaftig, Gottes Sohn bist du. (Mt 14,33)

B: Wer mein Fleisch isst und mein Blut trinkt, hat das ewige Leben und ich werde ihn auferwecken am Jüngsten Tag. (Joh 6,54)

C: Ich bin gekommen, um Feuer auf die Erde zu werfen. (Lk 12,49)

21.Sonntag im Jahreskreis

Herr, von den Früchten deiner Schöpfung werden alle satt.
Du schenkst dem Menschen Brot von der Erde
und Wein, der sein Herz erfreut. Vgl. Ps 104 (103), 13-15

oder

So spricht der Herr:
Wer mein Fleisch ißt und mein Blut trinkt, hat das ewige Leben, und ich werde ihn
auferwecken am Letzten Tag. Joh 6, 54

A: Du bist der Christus, der Sohn des lebendigen Gottes! (Mt 16,16)

B: Herr, zu wem sollen wir gehen? Du hast Worte des ewigen Lebens. (Joh 6,68)

C: Bemüht euch mit allen Kräften, durch die enge Tür zu gelangen (Lk 13,24)

22.Sonntag im Jahreskreis

Wie groß ist deine Güte, o Herr,
die du bereithältst für alle, die dich fürchten und ehren. Ps 31 (30), 20

oder

Selig, die Frieden stiften;
denn sie werden Söhne Gottes genannt werden.
Selig, die um der Gerechtigkeit willen verfolgt werden;
denn ihnen gehört das Himmelreich. Mi 5, 9-10

A: Was nützt es einem Menschen, wenn er die ganze Welt gewinnt, dabei aber sein Leben einbüßt? (Mt 16,26)

B: Nichts, was von außen in den Menschen hineinkommt, kann ihn unrein machen. (Mk 7,15)

C: Wenn du ein Essen gibst, dann lade Arme, Verkrüppelte, Lahme und Blinde ein. (Lk 14,13)

23.Sonntag im Jahreskreis

Wie der Hirsch lechzt nach frischem Wasser,
so lechzt meine Seele, Gott, nach dir.
Meine Seele dürstet nach Gott, nach dem lebendigen Gott. Ps 42 (41), 2-3

oder

So spricht der Herr:
Ich bin das Licht der Welt.
Wer mir nachfolgt, wird nicht in der Finsternis gehen,
sondern wird das Licht des Lebens haben. Joh 8, 12

A: Denn wo zwei oder drei in meinem Namen versammelt sind, da bin ich mitten unter ihnen. (Mt 18,20)

B: Jesus sagte zu ihm: Effata!, das heißt: Öffne dich! (Mk 7,34)

C: Wer nicht sein Kreuz trägt und hinter mir hergeht, der kann nicht mein Jünger sein. (Lk 14,27)

24.Sonntag im Jahreskreis

Gott, wie köstlich ist deine Huld.
Die Menschen bergen sich im Schatten deiner Flügel. Ps 36 (35), 8

oder

Der Kelch des Segens, über den wir den Segen sprechen,
ist Teilhabe am Blut Christi.
Das Brot, das wir brechen, ist Teilhabe am Leib Christi. Vgl. 1 Kor 10, 16

A: Jesus sagte zu ihm: Ich sage dir nicht: Bis zu siebenmal, sondern bis zu siebzigmal siebenmal. (Mt 18,22)

B: Wer sein Leben retten will, wird es verlieren; wer aber sein Leben um meinetwillen und um des Evangeliums willen verliert, wird es retten. (Mk 8,35)

C: Ebenso herrscht bei den Engeln Gottes Freude über einen einzigen Sünder, der umkehrt. (Lk 15,10)

25.Sonntag im Jahreskreis

Herr, du hast deine Befehle gegeben, damit man sie genau beachtet.
Wären doch meine Schritte fest darauf gerichtet,
deinen Gesetzen zu folgen. Ps 119 (118). 4-5

oder

So spricht der Herr:
Ich bin der Gute Hirt, ich kenne die Meinen,
und die Meinen kennen mich. Joh 10, 14

A: Ich will dem Letzten ebenso viel geben wie dir. (Mt 20,14)

B: Wer der Erste sein will, soll der Letzte von allen und der Diener aller sein. (Mk 9,35)

C: Wer in den kleinsten Dingen zuverlässig ist, der ist es auch in den großen. (Lk 16,10)

26.Sonntag im Jahreskreis

Herr, denk an das Wort für deinen Knecht,
durch das du mir Hoffnung gabst!
Sie ist mein Trost im Elend. Ps 119 (118), 49-50

oder

Die Liebe Gottes haben wir daran erkannt,
daß Christus sein Leben für uns gegeben hat.
So müssen auch wir das Leben hingeben für die Brüder. Vgl.1 Joh 3, 16

A: Mein Kind, geh und arbeite heute im Weinberg! (Mt 21,28)

B: Wer nicht gegen uns ist, der ist für uns. (Mk 9,40)

C: Sie haben Mose und die Propheten, auf die sollen sie hören. (Lk 16,29)

27.Sonntag im Jahreskreis

Gut ist der Herr zu dem, der auf ihn hofft, zur Seele, die ihn sucht. Klgl 3, 25

oder

Ein Brot ist es, darum sind wir viele ein Leib.
Denn wir alle haben teil an dem einen Brot und dem einen Kelch. Vgl. 1 Kor 10, 17

A: Der Stein, den die Bauleute verworfen haben, / er ist zum Eckstein geworden. (Mt 21,42)

B: Wer das Reich Gottes nicht so annimmt wie ein Kind, der wird nicht hineinkommen. (Mk 10,15)

C: Wir haben nur unsere Schuldigkeit getan. (Lk 17,10)

28.Sonntag im Jahreskreis

Reiche müssen darben und hungern.
Wer aber den Herrn sucht, braucht kein Gut zu entbehren. Ps 34 (33), 11

oder

Wenn der Herr offenbar wird, werden wir ihm ähnlich sein;
denn wir werden ihn sehen, wie er ist. Vgl.1 Joh 3, 2

A: Geht also an die Kreuzungen der Straßen und ladet alle, die ihr trefft, zur Hochzeit ein! (Mt 22,9)

B: Für Gott ist alles möglich. (Mk 10,15)

C: Steh auf und geh! Dein Glaube hat dich gerettet. (Lk 17,19)

29.Sonntag im Jahreskreis

Das Auge des Herrn ruht auf allen, die ihn fürchten und ehren,
die nach seiner Güte ausschauen.
Denn er will sie dem Tod entreißen
und in der Hungersnot ihr Leben erhalten. Ps 33 (32), 18-19

oder

Der Menschensohn ist gekommen,
um sein Leben als Lösegeld hinzugeben für viele. Mk 10, 45

A: So gebt dem Kaiser, was dem Kaiser gehört, und Gott, was Gott gehört! (Mt 22,21)

B: Wer bei euch der Erste sein will, soll der Sklave aller sein. (Mk 10,,44)

C: Wird jedoch der Menschensohn, wenn er kommt, den Glauben auf der Erde finden? (Lk 18,8)

30.Sonntag im Jahreskreis

Wir jubeln über die Hilfe des Herrn.
Wir frohlocken im Namen unseres Gottes. Vgl. Ps 20 (19), 6

oder

Christus hat uns geliebt und sich für uns hingegeben
als Gabe und Opfer, das Gott wohlgefällt. Eph 5, 2

A: Du sollst deinen Nächsten lieben wie dich selbst. (Mt 22,39)

B: Jesus fragte ihn: Was willst du, dass ich dir tue? (Mk 10,51)

C: Gott, sei mir Sünder gnädig! (Lk 18,13)

31.Sonntag im Jahreskreis

Herr, du zeigst mir den Pfad zum Leben;
vor deinem Angesicht herrscht Freude in Fülle. Ps 16 (15), 11

oder

So spricht der Herr:
Wie mich der lebendige Vater gesandt hat
und wie ich durch den Vater lebe,
so wird jeder, der mich ißt, durch mich leben. Joh 6, 57

A: Der Größte von euch soll euer Diener sein. (Mt 23,11)

B: Du sollst deinen Nächsten lieben wie dich selbst. (Mk 12,31)

C: Der Menschensohn ist gekommen, um zu suchen und zu retten, was verloren ist.
(Lk 19,10)

32.Sonntag im Jahreskreis

Der Herr ist mein Hirte, nichts wird mir fehlen.
Er läßt mich lagern auf grünen Auen
und führt mich zum Ruheplatz am Wasser. Ps 23 (22), i-2

oder

Die Jünger erkannten den Herrn Jesus,
als er das Brot brach. Vgl. Lk 24, 35

A: Seid also wachsam! Denn ihr wisst weder den Tag noch die Stunde. (Mt 25,13)

B: Diese arme Witwe hat mehr in den Opferkasten hineingeworfen als alle andern.
(Mk 12,43)

C: Sie sind den Engeln gleich und als Kinder der Auferstehung zu Kindern Gottes
geworden. (Lk 20,36)

33.Sonntag im Jahreskreis

Gott nahe zu sein ist mein Glück.
Ich setze mein Vertrauen auf Gott, den Herrn. Ps 73 (72), 28

oder

So spricht der Herr:
Amen, ich sage euch: Betet und bittet, um was ihr wollt,
glaubt nur, daß ihr es schon erhalten habt,
dann wird es euch zuteil. Mk 11, 23-24

A: Denn wer hat, dem wird gegeben werden und er wird im Überfluss haben. (Mt 25,29)

B: Himmel und Erde werden vergehen, aber meine Worte werden nicht vergehen. (Mk 13,30)

C: Wenn ihr standhaft bleibt, werdet ihr das Leben gewinnen. (Lk 21,19)

Christkönigssonntag

Der Herr thront als König in Ewigkeit.
Der Herr segne sein Volk mit Frieden. Ps 29 (28), 10-11

A: Was ihr für einen meiner geringsten Brüder getan habt, das habt ihr mir getan. (Mt 25,40)

B: Mein Königtum ist nicht von dieser Welt. (Joh 18,36)

C: Heute noch wirst du mit mir im Paradies sein. (Lk 23,43)

2.3.4 Weitere Herrenfeste und Gedenktage der Heiligen

Darstellung des Herrn (2. Februar)

Meine Augen haben das Heil gesehen,
das du vor allen Völkern bereitet hast. Lk 2, 30-31

A: Meine Augen haben das Heil gesehen, das du vor allen Völkern bereitet hast. (Lk 2,30f)

B: Meine Augen haben das Heil gesehen, das du vor allen Völkern bereitet hast. (Lk 2,30f)

C: Meine Augen haben das Heil gesehen, das du vor allen Völkern bereitet hast. (Lk 2,30f)

Heiliger Josef, Bräutigam der Gottesmutter Maria (19. März)

Komm, du guter und getreuer Knecht;
nimm teil am Festmahl deines Herrn. Mt 25, 21

A: Wusstet ihr nicht, dass ich in dem sein muss, was meinem Vater gehört? (Lk 2,49)

B: Wusstet ihr nicht, dass ich in dem sein muss, was meinem Vater gehört? (Lk 2,49)

C: Wusstet ihr nicht, dass ich in dem sein muss, was meinem Vater gehört? (Lk 2,49)

Verkündigung des Herrn (25. März)

Seht, die Jungfrau wird empfangen und einen Sohn gebären.
Sein Name ist: Immanuel - Gott mit uns. Jes 7, 14

A: Siehe, ich bin die Magd des Herrn; mir geschehe, wie du es gesagt hast. (Lk 1,38)

B: Siehe, ich bin die Magd des Herrn; mir geschehe, wie du es gesagt hast. (Lk 1,38)

C: Siehe, ich bin die Magd des Herrn; mir geschehe, wie du es gesagt hast. (Lk 1,38)

Geburt des heiligen Johannes des Täufers (24 Juni) Vorabend

Gepriesen sei der Herr, der Gott Israels!
Denn er hat sein Volk besucht und ihm Erlösung geschaffen. Lk 1, 68

A: Denn er wird groß sein vor dem Herrn. (Lk 1,15)

B: Denn er wird groß sein vor dem Herrn. (Lk 1,15)

C: Denn er wird groß sein vor dem Herrn. (Lk 1,15)

Geburt des heiligen Johannes des Täufers (24 Juni) Tag

Durch die barmherzige Liebe unseres Gottes
hat uns besucht das aufstrahlende Licht aus der Höhe. Lk 1, 78

A: Denn die Hand des Herrn war mit ihm. (Lk 1,66)

B: Denn die Hand des Herrn war mit ihm. (Lk 1,66)

C: Denn die Hand des Herrn war mit ihm. (Lk 1,66)

Heiliger Petrus und heiliger Paulus (29. Juni) Vorabend

Simon, Sohn des Johannes, liebst du mich mehr, als diese mich lieben!
Herr, du weißt alles: du weißt, daß ich dich liebe. Joh 21, 15.17

A: Herr, du weißt alles; du weißt, dass ich dich liebe. (Joh 21,17)

B: Herr, du weißt alles; du weißt, dass ich dich liebe. (Joh 21,17)

C: Herr, du weißt alles; du weißt, dass ich dich liebe. (Joh 21,17)

Heiliger Petrus und heiliger Paulus (29. Juni) Tag

Petrus sagte zu Jesus:
Du bist der Messias, der Sohn des lebendigen Gottes.
Jesus erwiderte ihm:
Du bist Petrus, und auf diesen Felsen werde ich meine Kirche bauen. Mt 16, 16.18

A: Du bist der Christus, der Sohn des lebendigen Gottes! (Mt 16,16)

B: Du bist der Christus, der Sohn des lebendigen Gottes! (Mt 16,16)

C: Du bist der Christus, der Sohn des lebendigen Gottes! (Mt 16,16)

Verklärung des Herrn (6. August)

Wenn der Herr offenbar wird, werden wir ihm ähnlich sein,
denn wir werden ihn sehen, wie er ist. 1 Joh 3, 2

A: Dieser ist mein geliebter Sohn, an dem ich Wohlgefallen gefunden habe; auf ihn sollt ihr hören. (Mt 17,5)

B: Dieser ist mein geliebter Sohn; auf ihn sollt ihr hören. (Mk 9,7)

C: Dieser ist mein auserwählter Sohn, auf ihn sollt ihr hören. (Lk 9,35)

Mariä Aufnahme in den Himmel (15. August) Vorabend

Selig der Leib der Jungfrau Maria;
denn er hat den Sohn des ewigen Gottes getragen. Vgl. Lk 11, 27

A: Selig sind, die das Wort Gottes hören und es befolgen. (Lk 11,28)

B: Selig sind, die das Wort Gottes hören und es befolgen. (Lk 11,28)

C: Selig sind, die das Wort Gottes hören und es befolgen. (Lk 11,28)

Mariä Aufnahme in den Himmel (15. August) Tag

Von nun an preisen mich selig alle Geschlechter.
Denn der Mächtige hat Großes an mir getan. Lk 1, 48-49

A: Meine Seele preist die Größe des Herrn. (Lk 1,46)

B: Meine Seele preist die Größe des Herrn. (Lk 1,46)

C: Meine Seele preist die Größe des Herrn. (Lk 1,46)

Kreuzerhöhung (14. September)

So spricht der Herr:
Wenn ich von der Erde erhöht bin, werde ich alle an mich ziehen. Joh 12, 32

A: Gott hat seinen Sohn nicht in die Welt gesandt, damit er die Welt richtet, sondern damit die Welt durch ihn gerettet wird. (Joh 3,17)

B: Gott hat seinen Sohn nicht in die Welt gesandt, damit er die Welt richtet, sondern damit die Welt durch ihn gerettet wird. (Joh 3,17)

C: Gott hat seinen Sohn nicht in die Welt gesandt, damit er die Welt richtet, sondern damit die Welt durch ihn gerettet wird. (Joh 3,17)

Allerheiligen (1. November)

Selig, die ein reines Herz haben;
denn sie werden Gott sehen.
Selig, die Frieden stiften;
denn sie werden Söhne Gottes genannt werden.
Selig, die um der Gerechtigkeit willen verfolgt werden;
denn ihnen gehört das Himmelreich. Mt 5. 8-10

A: Freut euch und jubelt: Denn euer Lohn wird groß sein im Himmel. (Mt 5,12)

B: Freut euch und jubelt: Denn euer Lohn wird groß sein im Himmel. (Mt 5,12)

C: Freut euch und jubelt: Denn euer Lohn wird groß sein im Himmel. (Mt 5,12)

Allerseelen (2. November)

So spricht der Herr:
Ich bin die Auferstehung und das Leben;
wer an mich glaubt, wird leben, auch wenn er stirbt,
und jeder, der lebt und an mich glaubt,
wird in Ewigkeit nicht sterben. Joh 11, 25-26

A: Die das Gute getan haben, werden zum Leben auferstehen. (Joh 5,29)

B: Die das Gute getan haben, werden zum Leben auferstehen. (Joh 5,29)

C: Die das Gute getan haben, werden zum Leben auferstehen. (Joh 5,29)

Weihetag der Lateranbasilika (9. November)

Ihr seid Gottes Tempel, und der Geist Gottes wohnt in euch.
Der Tempel Gottes ist heilig, und der seid ihr. 1 Kor 3, 16-17

A: Macht das Haus meines Vaters nicht zu einer Markthalle! (Joh 2,16)

B: Macht das Haus meines Vaters nicht zu einer Markthalle! (Joh 2,16)

C: Macht das Haus meines Vaters nicht zu einer Markthalle! (Joh 2,16)

Hochfest der ohne Erbsünde empfangenen Jungfrau und Gottesmutter Maria (8. Dezember)

Großes hat man von dir gesagt, Maria,
denn aus dir ging hervor die Sonne der Gerechtigkeit,
Christus, unser Gott.

A: Siehe, ich bin die Magd des Herrn; mir geschehe, wie du es gesagt hast. (Lk 1,38)

B: Siehe, ich bin die Magd des Herrn; mir geschehe, wie du es gesagt hast. (Lk 1,38)

C: Siehe, ich bin die Magd des Herrn; mir geschehe, wie du es gesagt hast. (Lk 1,38)

Heiliger Stephanus, erster Märtyrer (26. Dezember)

Die Menge steinigte den Stephanus.
Er aber betete und rief: Herr Jesus, nimm meinen Geist auf! Apg 7,59

A: Wer bis zum Ende standhaft bleibt, der wird gerettet. (Mt 10,22)

B: Wer bis zum Ende standhaft bleibt, der wird gerettet. (Mt 10,22)

C: Wer bis zum Ende standhaft bleibt, der wird gerettet. (Mt 10,22)

Heiliger Johannes, Apostel, Evangelist (27. Dezember)

Das Wort ist Fleisch geworden und hat unter uns gewohnt.
Aus seiner Fülle haben wir alle empfangen. Joh, 14,16

A: Er sah und glaubte. (Joh 20,8)

B: Er sah und glaubte. (Joh 20,8)

C: Er sah und glaubte. (Joh 20,8)

Unschuldige Kinder (28. Dezember)

Sie sind es, die aus den Menschen losgekauft wurden
als Weihegabe für Gott und das Lamm.
Sie folgen dem Lamm, wohin immer es geht. Offb 14, 4

A: Aus Ägypten habe ich meinen Sohn gerufen. (Mt 2,15)

B: Aus Ägypten habe ich meinen Sohn gerufen. (Mt 2,15)

C: Aus Ägypten habe ich meinen Sohn gerufen. (Mt 2,15)

2.3.5 Jahresgedächtnis einer Kirchweihe

Jahresgedächtnis einer Kirchweihe I

Ihr seid Gottes Tempel, und der Geist Gottes wohnt in euch.
Der Tempel Gottes ist heilig, und der seid ihr. 1 Kor 3, 16-17

A: Du bist der Christus, der Sohn des lebendigen Gottes! (Mt 16,16)

B: Du bist der Christus, der Sohn des lebendigen Gottes! (Mt 16,16)

C: Du bist der Christus, der Sohn des lebendigen Gottes! (Mt 16,16)

Jahresgedächtnis einer Kirchweihe II

Laßt euch als lebendige Steine zu einem geistigen Haus aufbauen,
zu einer heiligen Priesterschaft. I Petr 2, 5

A: Denn der Menschensohn ist gekommen, um zu suchen und zu retten, was verloren ist. (Lk 19,10)

B: Denn der Menschensohn ist gekommen, um zu suchen und zu retten, was verloren ist. (Lk 19,10)

C: Denn der Menschensohn ist gekommen, um zu suchen und zu retten, was verloren ist. (Lk 19,10)

Jahresgedächtnis einer Kirchweihe III

A: Schafft das hier weg, macht das Haus meines Vaters nicht zu einer Markthalle! (Joh 2,16)

B: Schafft das hier weg, macht das Haus meines Vaters nicht zu einer Markthalle! (Joh 2,16)

C: Schafft das hier weg, macht das Haus meines Vaters nicht zu einer Markthalle! (Joh 2,16)

Jahresgedächtnis einer Kirchweihe IV

A: Glaube mir, Frau, die Stunde kommt, zu der ihr weder auf diesem Berg noch in Jerusalem den Vater anbeten werdet. (Joh 4,21)

B: Glaube mir, Frau, die Stunde kommt, zu der ihr weder auf diesem Berg noch in Jerusalem den Vater anbeten werdet. (Joh 4,21)

C: Glaube mir, Frau, die Stunde kommt, zu der ihr weder auf diesem Berg noch in Jerusalem den Vater anbeten werdet. (Joh 4,21)

2.3.6 Synoptischer Vergleich

So	Lesejahr A = Mt... 1. Les A. 2. Les A. Ev A	Lesejahr B = Mk... 1. Les B. 2. Les B. Ev B	Lesejahr C = Lk 1. Les C. 2. Les C. Ev C	Kommunionverse 1. Kehr..2. Kehr..3. Kehr
1. Adv	Jes 2.....Röm 13..Mt 24	Jes 63....1 Kor 1..Mk 13	Jer 33.....1 The 3..Lk 21	Ps 85
2. Adv	Jes 11....Röm 15..Mt 3	Jes 40.....2 Petr 3..Mk 1	Bar 5.....Phil 1.....Lk 3	Bar 5
3. Adv	Jes 35....Jak 5.....Mt 11	Jes 61....1 The 5..Joh 1	Zef 3....Phil 3....Lk 3	Jes 35
4. Adv	Jes 7......Röm 1....Mt 1	2 Sam 7..Röm 16..Lk 1	Mi 5......Hebr 10..Lk 1	Jes 7
Hl Ab	Jes 62....Apg 13...Mt 1	Jes 62....Apg 13...Mt 1	Jes 62....Apg 13...Mt 1	Lk 1
Hl Na	Jes 9.....Tit 2....Lk 2	Jes 9.....Tit 2....Lk 2	Jes 9.....Tit 2....Lk 2	Joh 1
Weih1	Jes 62....Tit 3.....Lk 2	Jes 62....Tit 3......Lk 2	Jes 62....Tit 3....Lk 2	
Weih2	Jes 52....Hebr 1....Joh 1	Jes 52....Hebr 1...Joh 1	Jes 52....Hebr 1....Joh 1	Bar 3
Okta	Sir 3......Kol 3......Mt 2	Sir 3......Kol 3......Lk 2	Sir 3......Kol 3....Lk 2	Bar 3
01.01.	Num 6...Gal 4....Lk 2	Num 6...Gal 4....Lk 2	Num 6...Gal 4....Lk 2	Hebr 13
06.01.	Jes 60....Eph 3.....Mt 2	Jes 60....Eph 3.....Mt 2	Jes 60....Eph 3.....Mt 2	Mi 2
2. Wei	Sir 24....Eph 1....Joh 1	Sir 24....Eph 1....Joh 1	Sir 24....Eph 1.....Joh 1	Joh 1
Taufe	Jes 42....Apg 10...Mt 3	Jes 42....Apg 10...Mk 1	Jes 42....Apg 10...Lk 3	Joh 1
Asch	Joel 2.....2 Kor 5...Mt 6	Joel 2.....2 Kor 5...Mt 6	Joel 2.....2 Kor 5...Mt 6	Ps 1
1. Fast	Gen 2.....Röm 5...Mt 4	Gen 9.....1 Petr 3..Mk 1	Dtn 26...Röm 10..Lk 4	Mt 4......Ps 91
2. Fast	Gen 12...1 Tim.....Mt 17	Gen 22...Röm 8...Mk 9	Gen 15...Phil 3....Lk 9	Mt 17
3. Fast	Ex 17....Röm 5...Joh 4	Ex 20....1 Kor 1..Joh 2	Ex 3.......1 Kor 10.Lk 13	Joh 4......Ps 84
4. Fast	1 Sam 16Eph 5....Joh 9	2 Chr 36.Eph 2....Joh 3	Jos 5.....2 Kor 5..Lk 15	Joh 9....Lk 15.....Ps 122
5. Fast	Ez 37.....Röm 8...Joh 11	Jer 31....Hebr 5...Joh 12	Jes 43...Phil 3....Joh 8	Joh 11...Joh 8....Joh 12
Palm	Jes 50.....Phil 2...Mt 26	Jes 50....Phil 2...Mk 14	Jes 50....Phil 2...Lk 22	Mt 26
Grün1	Jes 61....Offb 1...Lk 4	Jes 62....Offb 1...Lk 4	Jes 61....Offb 1...Lk 4	Ps 89

Anstehende Veränderungen

				Kommunionverse
Grün2		Ex 12.....1 Kor 13.Joh 13	Ex 12.....1 Kor 11.Joh 13	1. Kor 11
Oster1		Gen 1....Röm 6...Mk 16	Gen 1....Röm 6...Lk 24	1. Kor 5
Oster2		Jes 54....Jes 55....Bar 3	Ez 36....Röm 6	1. Kor 5
Osterm		Apg 10...Kol 3.....Joh 20	Apg 10...Kol 3.....Joh 20	Röm 6
2. Ost		Apg 2.....1 Kor 15.Lk 24	Apg 2.....1 Kor 15.Lk 24	Joh 20
3. Ost		Apg 4....1 Joh 5...Joh 20	Apg 5....Offb 1...Joh 20	Lk 24.....Joh 21
4. Ost		Apg 3....1 Joh 2...Lk 24	Apg 5....Offb 5...Joh 21	
5. Ost		Apg 4....1 Joh 3...Joh 10	Apg 13...Offb 7...Joh 10	Joh 15
6. Ost		Apg 9....1 Joh 3...Joh 15	Apg 14...Offb 21..Joh 13	Joh 14
Himm		Apg 10...1 Joh 4...Joh 15	Apg 15...Offb 21..Joh 14	Mt 28
7. Ost		Apg 1....Eph 1....Mk 16	Apg 1....Eph 1....Lk 24	Joh 17
Pfing1		Apg 1....1 Joh 4...Joh 17	Apg 7....Offb 22..Joh 17	Joh 7
Pfing2		Gen 11...Röm 8...Joh 7	Gen 11...Röm 8...Joh 7	Apg 2
Pfingm		Apg 2.....1 Kor 12.Joh 20	Apg 2.....1 Kor 12.Joh 20	
		Apg 8....Eph 1....Lk 10	Apg 19...Röm 8...Joh 3	
Dreif	Ex 34.....2 Kor 13.Joh 3	Dtn 4.....Röm 8....Mt 8	Spr 8....Röm 5...Joh 16	Gal 4,6
Fronl	Dtn 8.....1 Kor 10.Joh 6	Ex 24....Hebr 9...Mk 14	Gen 14...1 Kor 11.Lk 9	Joh 6
HerzJ	Dtn 7......1 Joh 4..Mt 11	Hos 11...Eph 3....Joh 19	Ez 34....Röm 5...Lk 15	Joh 7....Joh 19
2. Jk	Jes 49....1 Kor 1..Joh 1	1 Sam 3..1 Kor 6..Joh 1	Jes 62...1 Kor 12.Joh 2	Ps 23....1. Joh 4
3. Jk	Jes 8......1 Kor 1..Mt 4	Jona 3....1 Kor 7...Mk 1	Neh 8....1 Kor 12.Lk 1	Ps 34...Joh 8
4. Jk	Zef 2......1 Kor 1..Mt 5	Dtn 18...1 Kor 7...Mk 1	Jer 1......1 Kor 12.Lk 4	Ps 31....Mt 5
5. Jk	Jes 58....1 Kor 2..Mt 5	Ijob 7....1 Kor 9...Mk 1	Jes 6......1 Kor 15.Lk 5	Ps 107...Mt 5
6. Jk	Sir 15.....1 Kor 2..Mt 5	Lev 13...1 Kor 10.Mk 1	Jer 17....1 Kor 15.Lk 6	Ps 78....Joh 3
7. Jk	Lev 19....1 Kor 3..Mt 5	Jes 43...2 Kor 1..Mk 2	1Sam 26.1 Kor 15.Lk 6	Ps 9.....Joh 11

Anstehende Veränderungen

8. Jk	Jes 49....1 Kor 4...Mt 6	Hos 2.....2 Kor 3...Mk 2	Sir 27....1 Kor 15.Lk 6	Ps 13
9. Jk	Dtn 11...Röm 3....Mt 7	Dtn 5.....2 Kor 4...Mk 2	1 Kön 8..Gal 1.....Lk 7	Ps 17.....Mk 11
10. Jk	Hos 6.....Röm 4....Mt 9	Gen 3.....2 Kor 4...Mk 3	1 Kön 17Gal 1.....Lk 7	Ps 18.....1.Joh 4
11. Jk	Ex 19.....Röm 5....Mt 9	Ez 17.....2 Kor 5...Mk 4	2 Sam 12Gal 2....Lk 7	Ps 27.....Joh 17
12. Jk	Jer 20....Röm 5....Mt 10	Ijob 38...2 Kor 5...Mk 4	Sach 12..Gal 3....Lk 9	Ps 145...Joh 10
13. Jk	2 Kön 4.Röm 6...Mt 10	Weish 1.2 Kor 8..Mk 5	1 Kor 19.Gal 5....Lk 9	Ps 103...Joh 17
14. Jk	Sach 9...Röm 8...Mt 11	Ez 1......2 Kor 12.Mk 6	Jes 66....Gal 6....Lk 10	34.........Mt 11
15. Jk	Jes 55....Röm 8...Mt 13	Am 7......Eph 1.....Mk 6	Dtn 30...Kol 1.....Lk 10	Ps 84.....Joh 6
16. Jk	Weish 12Röm 8...Mt 13	Jer 23....Eph 2....Mk 6	Gen 18...Kol 1.....Lk 10	Ps 111...Offb 3
17. Jk	1 Kön 3..Röm 8....Mt 13	2. Kön 4.Eph 4.....Joh 16	Gen 18...Kol 2.....Lk 11	Ps 103...Mt 5
18. Jk	Jes 55....Röm 8...Mt 14	Ex 16.....Eph 4.....Joh 6	Koh 1....Kol 3.....Lk 12	Weis 16..Joh 6
19 Jk	1 Kön 19Röm 9...Mt 14	1 Kön 19Eph 4.....Joh 6	Weis 18..Hebr 11..Lk 12	Ps 147...Joh 6
20. Jk	Jes 56....Röm 11..Mt 15	Spr 9.....Eph 5.....Joh 6	Jer 38....Hebr 12..Lk 12	Ps 130...Joh 6
21. Jk	Jes 22....Röm 11..Mt 16	Jos 24....Eph 5.....Joh 6	Jes 66....Hebr 12..Lk 13	Pa 104...Joh 6
22. Jk	Jer 20....Röm 12..Mt 16	Dtn 4.....Jak 1......Mk 7	Sir 3......Hebr 12..Lk 14	Ps 31.....Mt 5
23. Jk	Ez 33.....Röm 13..Mt 18	Jes 35....Jak 2......Mk 7	Weis 9...Phlm 9...Lk 14	Ps 42.....Joh 8
24. Jk	Sir 27....Röm 14..Mt 18	Jes 50....Jak 2......Mk 8	Ex 32.....1 Tim 1..Lk 15	Ps 36.....1.Kor 10
25, Jk	Jes 55....Phil 1.....Mt 20	Weis 2...Jak 3.....Mk 9	Am 8......1 Tim 2..Lk 16	Ps 119...Joh 10
26. Jk	Ees 18...Phil 2....Mt 21	Num 11..Jak 5......Mk 9	Am 6......1 Tim 6..Lk 10	Ps 119...1.Joh 3
27. Jk	Jes 5......Phil 4.....Mt 21	Gen 3.....Hebr 2...Mk 10	Hab 1....2 Tim 1..Lk 17	Klgl 3....1.Kor 10
28. Jk	Jes 25....Phil 4.....Mt 22	Weis 7...Hebr 4...Mk 10	2 Kön 5.2 Tim 2..Lk 17	Ps 34.....Joh 3
29. Jk	Jes 45....1 Thes 1..Mt 22	Jes 53....Hebr 4...Mk 10	Ex 17.....t Tim 3...Lk 18	Ps 33.....Mk 10
30. Jk	Ex 22.....1 Thes 1..Mt 22	Jer 31....Hebr 5...Mk 10	Sir 35....2 Tim 4..Lk 18	Ps 20.....Eph 5
31. Jk	Mal 1.....1 Thes 2..Mt 23	Dtn 6....Hebr 7...Mk 12	Weis 11..2 Thes 1..Lk 19	Ps 16.....Joh 6

Anstehende Veränderungen

32. Jk	Weis 6...1 Thes 4.Mt 25	1 Kön 17 Hebr 9...Mk 12	2 Mak 7.2 Thes 2.Lk 20	Ps 23......Lk 24
33. Jk	Spr 31....1 Thes 5.Mt 25	Dan 12...Hebr 10..Mk 13	Mal 3....2 Thes 3.Lk 21	Ps 73......Mk11
ChrK	Ez 34......1 Kor 15.Mt 25	Dan 7.....Offb 1...Joh 18	2 Sam....Kol 1......Lk 23	Ps 29

2.3.7 Kommunionverse in Zahlen

Im Messbuch sind für einen Sonn- oder Feiertag 31 Mal nur ein Kommunionvers angegeben, 34 Mal gibt es 2 Kommunionverse und 3 Mal gibt es 3 Kommunionverse.

3 Mal bezieht sich der Kommunionvers auf die alttestamentliche Lesung, 2 Mal auf die neutestamentliche Lesung und 63 mal auf das Evangelium.

Jeder Sonntag und hoher Feiertag hat eine alttestamentliche und eine neutestamentliche Lesung sowie ein Evangelium. Für die Lesejahre A, B und C ergeben sich somit meist 9 Textstellen. Betrachtet man, wie häufig der Kommunionvers Bezug auf den Lesungstext nimmt, so ergeben sich aus dieser Betrachtung neue Zahlen: 25 Mal nimmt ein Kommunionvers Bezug auf einen Lesungstext, 2 Mal nehmen 2 Kommunionverse Bezug auf einen Lesungstext und am 3. Ostersonntag nehmen alle 3 Kommunionverse Bezug auf einen Lesungstext. Zusammenfassend ausgedrückt bedeutet dies, dass bei 71 Sonn- und Feiertagen nur an 28 Tagen (= 39 %) der Kommunionvers einen Bezug zu einer der Lesungen besitzt.

An 71 Sonn- und Feiertagen mit jeweils 3 Lesungen – auch wenn an einigen Tagen die Texte der Lesejahre A, B und C gleich sind – ergeben 213 Texte in den Lektionaren. Von diesen 213 möglichen Stellen nehmen darauf die Kommunionverse 43 Mal (20 %) Bezug.

An 33 Sonn- und Feiertagen (= 15 %) bezieht sich der Kommunionvers auf einen Psalm. Dabei sind Psalmen - leider! - nicht in der Leseordnung enthalten.

2.3.8 Fazit

Der Kommunionvers ist meist aus dem Evangelium entnommen, manchmal auch aus dem Psalter. Damit hat der Kommunionvers in rund 2/3 der Fälle keinen Bezug zum Evangelium und steht ohne Bezug zu den Lesungstexten verloren da. Dabei sagte das Zweite Vatikanische Konzil:

„Auf daß den Gläubigen der Tisch des Gotteswortes reicher bereitet werde, soll die Schatzkammer der Bibel weiter aufgetan werden, so daß innerhalb einer bestimmten Anzahl von Jahren die wichtigsten Teile der Heiligen Schrift dem Volk vorgetragen werden." (SC 51)

Damit wurde zwar in den Lektionaren „die Schatzkammer der Bibel weiter aufgetan", aber nicht im Messbuch. Beim Kommunionvers bleiben 2/3 der Möglichkeiten ungenutzt.

Um SC 51 auch im Messbuch umzusetzen, sollten zumindest für alle Hochfeste und alle Sonntage der Kommunionvers aus dem Evangelium des jeweiligen Lesejahres (A-B-C) entnommen werden. Durch die Wiederholung des Kernsatzes aus dem Evangelium würde die Botschaft gefestigt, wäre der „geistliche Gewinn" (SC 11) für das mitfeiernde Kirchenvolk größer.

2.4 Schuld

2.4.1 Allgemeines

Das Messbuch weist auf Seite 326 für den grundsätzlichen Aufbau einer Eucharistiefeier in den Formen A und B nach der Begrüßung das Schuldbekenntnis auf. Bis vor etwa 50 Jahren wurde das allgemeine Schuldbekenntnis auch zu Beginn der Werktagsmessen gebetet. Es lautet:

Ich bekenne Gott, dem Allmächtigen,
und allen Brüdern und Schwestern,
daß ich Gutes unterlassen
und Böses getan habe
- ich habe gesündigt
in Gedanken, Worten und Werken -
durch meine Schuld, durch meine Schuld,
durch meine große Schuld.
Darum bitte ich die selige Jungfrau Maria,
alle Engel und Heiligen
und euch, Brüder und Schwestern,
für mich zu beten bei Gott, unserem Herrn.

Dieses allgemeine Schuldbekenntnis kann auch frei formuliert werden oder durch ein Bußlied ersetzt werden.

Es folgt die Vergebungsbitte:

Der allmächtige Gott erbarme sich unser.
Er lasse uns die Sünden nach
und führe uns zum ewigen Leben.

oder

Nachlaß, Vergebung und Verzeihung
unserer Sünden gewähre uns
der allmächtige und barmherzige Herr.

In der Form C kann statt dem allgemeinen Schuldbekenntnis mit den Kyrie-Rufen Gottes Erbarmen angerufen werden. Die Kyrie-Rufe sind somit die einzige Alternative zu den beiden Formen A und B mit dem allgemeinen Schuldbekenntnis.

2.4.2 Schuld und Sünde

Kleine Statistik der Wörter im Messbuch

In einer kleinen Statistik der Wörter im Messbuch werden nicht nur die gelesenen Wörter gezählt, sondern auch alle Wörter in beschreibenden und erklärenden Texten. Es sind sozusagen Bruttoangaben.

„Schuld" und „schuld" kommt im Messbuch insgesamt – d.h. als eigenständiges Wort und in Wortverbindungen wie z.B. „schuldlos" und „selbstverschuldeter" - 148 mal vor. Als eigenständiges Wort kommt „Schuld" 85 Mal vor.

In der Liturgie der Osternacht nimmt die Schuld eine zentrale Rolle ein. Insgesamt kommt darin 10 Mal „Schuld" vor.

„Sünde" kommt im Messbuch insgesamt 227 Mal vor, als eigenständige Wörter kommen „Sünde" 69 Mal vor, „Sünden" 125 Mal und „Sünder" 21 Mal. Der Wortteil „sündig" kommt 14 Mal vor.

Der Wortteil „reue" kommt im Messbuch insgesamt 2 Mal vor, eigenständig als „Reue" einmal.

Der Wortteil „vergeb" kommt im Messbuch insgesamt 61 Mal vor, „vergieb" hingegen kein Mal. „Vergebung" kommt insgesamt 48 Mal vor, als eigenständiges Wort 44 Mal.

Begriff	A	B
Schuld	148	85
Sünde	227	69
Reue	2	1
Vergeb(ung)	48	44
Verzeih(ung)	28	19
Glaube	528	470
Hoff(nung)	100	72
Liebe	607	492
Kraft	331	
Stärke	155	70
Gnade	364	317
Erbarme(n)	183	94
Barmherzig(keit)	73	26

Tab. 2 Statistik der Begriffe
A = insgesamt
B = eigenständiges Wort

Der Wortteil „verzeih" kommt im Messbuch insgesamt 28 Mal vor, als eigenständiges Wort „Verzeihung" kommt es 19 Mal vor.

„Glaube" bzw. „glaube" kommt im Messbuch insgesamt 528 Mal vor, davon „Glaube" 470 Mal und „glaube" 57 Mal. Als eigenständige Wörter kommen „Glaube" 32 mal vor, „Glauben" 287 Mal, „glaube" 8 Mal und „glauben" 46 Mal.

Als Wortteil kommt „gläubig" insgesamt 258 Mal vor, als eigenständige Wörter kommen „gläubig" 19 Mal, „gläubige" 4 Mal, „Gläubige" 8 Mal und „Gläubigen" 213 Mal vor.

Der Wortteil „hoff" kommt im Messbuch 100 Mal vor, die eigenständigen Wörter „hoffen" 10 Mal und „Hoffnung" 72 Mal; „hoffnungslos" oder „hoffnungsvoll" hingegen sucht man im Messbuch vergebens.

„Liebe kommt im Messbuch hingegen insgesamt 607 Mal vor. Als eigenständiges Wort kommt „Liebe" 492 Mal und „liebe" 7 Mal im Messbuch vor.

„Kraft" kommt im Messbuch insgesamt 331 Mal vor, als eigenständiges Wort 306 Mal. - Der Wortteil „kräftig" kommt insgesamt 13 Mal vor.[16]

„Stärke" kommt im Messbuch insgesamt 155 Mal vor, „Stärke" als eigenständiges Wort 70 Mal und als Verb „stärke" 77 Mal.

Der Wortteil „Gnade" kommt im Messbuch 364 Mal vor, davon 6 Mal „gnade",[17] als eigenständige Wörter kommen „Gnade" 317 Mal vor und „Gnaden 14 Mal.

Der Wortteil „erbarme" kommt im Messbuch insgesamt 183 Mal vor, „erbarme" als eigenständiges Wort 58 Mal und „Erbarmen" als eigenständiges Wort 94 Mal.

Der Wortteil „barmherzig" kommt im Messbuch 73 Mal vor und „barmherzige" 33 Mal. Als eigenständige Wörter kommen „barmherzig" 14 Mal vor, „barmherzige" 7 Mal, „barmherziger" 23 Mal und „Barmherzigkeit 26 Mal.

Fazit

In den Wortverbindungen kommen anhand der untersuchten Begriffe „Liebe" (607), „Glaube" (528), „Gnade" (364) und „Kraft" (331) im Messbuch am häufigsten vor. Im Mittelfeld folgen „Sünde" (227), „Erbarmen" (183), „Stärke" (155) und „Schuld" (148). Erstaunlich ist, dass „Barmherzig" (73), „Vergeb" (48), „Verzeih" (28) und „Reue" (2) das Schlusslicht darstellen.

Als eigenständige Wörter kommen „Liebe" (492), „Glaube" (470) und „Gnade" (317) mit deutlichem Abstand am häufigsten vor. Im Mittelfeld folgen „Erbarmen" (94), „Schuld" (85), „Hoffnung" (72), „Stärke" (70) und „Sünde" (69). Auch hier bilden „Vergebung" (44), „Barmherzigkeit" (26), „Verzeihung" (19) und „Reue" (1) das Schlusslicht.

---

16 2 x rechtskräftig, 5 x bekräftigt, 3 x kräftigt und 3 x tatkräftig.
17 1 x gnadenvolles, 1 x gnadenvollen, 1 x gnadenhafter und 3 x gnadenreichen

Unberücksichtigt bleibt, dass in den Formen A und B der Gottesdienst mit einem allgemeinen Schuldbekenntnis beginnen sollte, in der Form C mit dem Kyrie.

Damit dominieren inhaltlich „Liebe", „Glaube" und „Gnade" die Liturgie, doch daneben haben „Schuld" und „Sünde" einen festen Platz im Mittelfeld.

Anmerkung

Dass „Verzeihung" von den untersuchten Begriffen am seltensten im Messbuch vorkommt – Reue ist mit seinen 2 Stellen als Versehen einzustufen - und dass „Vergeb"(ung) auf vorletzter bzw. drittletzter Stelle steht, gibt zu denken. Dagegen kommen „Schuld" und „Sünde" – je nach Vergleich – zwischen 2 und 8 mal häufiger vor.

indem in der Liturgie viel häufiger von „Schuld" und „Sünde" gesprochen wird, als von „Vergebung" und „Verzeihung", werden die Gläubigen zwar für Schuld und Sünde sensibilisiert. Wie man damit jedoch vorbildlich umgeht, bleibt weitestgehend offen. Ob die Verfasser des Messbuches einen vorbildlichen Umgang mit Schuld und Sünde – die der Anderen, wie auch der eigenen – besitzen oder zumindest dessen bewusst sind, bleibt offen.

Faktum ist, dass die katholische Kirche im Umgang der Missbrauchsskandale sich nicht vorbildlich verhalten hat. Dies gilt nicht nur für Deutschland, sondern auch für andere Nationen, wie das Buch „Das große Buch der Schande" aufzeigt.

Aus dem Messbuch ist für den Umgang mit Schuld und Sünde das Tagesgebet vom Gedenktag der hl. Monika (27. August) bezeichnend. Darin heißt es:

Gib uns auf die Fürsprache
dieser heiligen Mutter und ihres Sohnes
die Gnade, daß wir unsere Sünden bereuen
und bei dir Verzeihung finden. (761)

Auf eine Kurzformel gebracht heißt dies: Wenn man gesündigt hat, soll man bereuen, zu Gott bzw. zum Priester gehen, um es zu beichten und damit Verzeihung erlangen. Der Geschädigte bzw. das Opfer kommt hierbei nicht vor. So ging die Kirche bisher mit der eigenen Schuld um.

Papst Johannes Paul II. war einer der Wenigen, die öffentlich zugaben, dass die katholische Kirche als Institution auch Schuld auf sich geladen hat.

„Wiedergutmachung" oder „Geschädigte" sucht man vergebens im Messbuch. Der Wortteil „Opfer" kommt insgesamt 404 Mal vor. Das eigenständige Wort „Opfer" kommt 291 Mal vor,[18] „Opfers" 44 Mal,[19] „Opferbereitschaft" einmal, „„Opferfeier" 17 Mal, „Opfergabe" 36 Mal, „Opferlamm" 4 Mal und „Opfermahl" 4 Mal.

Damit ist es ein Faktum, dass vom Messbuch kein Impuls zur Wiedergutmachung ausgeht. Es muss daher davon ausgegangen werden, dass es auf den jeweiligen Priester bzw. Bischof ankommt, dass in der Eucharistiefeier zumindest gelegentlich die Wiedergutmachung angesprochen oder gar in einer Predigt zum Thema gemacht wird. Da vom Messbuch kein Impuls zur zur Wiedergutmachung ausgeht, dürfte der Anteil dieser Priester im einstelligen Promille-Bereich liegen.

Mögliche Formulierungen

Um der dringend notwendigen theologischen Erweiterung im Messbuch mit Blick auf die Wiedergutmachung eine Starthilfe zu geben, werden hier mögliche Formulierungen genannt.

Hilf uns, nicht nur unsere Sünden zu sehen,
sondern auch den Geschädigten
und auf ihn zu zu gehen, um Verzeihung zu erlangen.

Befähige uns, unsere Fehler zu erkennen
sie einzugestehen und wieder gut zu machen.

Nimm die Blindheit unseres Verstandes von uns,
damit wir unsere Sünden erkennen
und stehe uns bei der Wiedergutmachung bei.

Nimm alle unsere Verstocktheit von uns,
damit wir den ersten Schritt zur Versöhnung machen.

---

18 Dabei geht es um das Kreuzesopfer Jesu oder das eucharistische Opfer. An keiner Stelle geht es hierbei um das Opfer – d.h. um den Geschädigten - eines Sünders.
19 Auch hier gilt das Gleiche.

Begleite uns auf unserem Weg zum Geschädigten,
damit wir die richtigen Worte für die Versöhnung finden.

Stehe uns auf dem Weg zum Geschädigten bei,
damit die Wiedergutmachung gelingen kann.

Stehe uns auf unserem Lebensweg bei,
damit wir immer unsere eigenen Fehler erkennen,
den Weg zum Geschädigten finden;
eine gelungene Wiedergutmachung erlangen
und auf dem Weg des Heils bleiben.

Diese Wiedergutmachung von angerichtetem Schaden kommt mit deutlichen Worten Jesu im Matthäus-Evangelium vor (Mt 5,23):

Wenn du deine Opfergabe zum Altar bringst und dir dabei einfällt, dass dein Bruder etwas gegen dich hat, 24 so lass deine Gabe dort vor dem Altar liegen; geh und versöhne dich zuerst mit deinem Bruder, dann komm und opfere deine Gabe!

Im Kirchenrecht (Codex iuris canonici) heißt es unter § 2 CIC 1347: „Es ist davon auszugehen, daß ein Täter von der Widersetzlichkeit abgelassen hat, wenn er die Straftat wirklich bereut hat und er außerdem eine angemessene Wiedergutmachung der Schäden und eine Behebung des Ärgernisses geleistet oder zumindest ernsthaft versprochen hat."

In § 3 CIC 1390 heißt es: „ Der Verleumder kann auch gezwungen werden, eine angemessene Wiedergutmachung zu leisten."

Daneben gibt es im Kirchenrecht noch 5 weitere Paragraphen, in denen es mit gleicher Haltung um die Wiedergutmachung geht. In CIC 1727 wird die Wiedergutmachung mit der „Wiederherstellung der Gerechtigkeit" verbunden.

Im Katechismus der katholischen Kirche (KKK) kommt die Wiedergutmachung an 8 Stellen vor, zunächst in KKK 2409:

Privates oder öffentliches Eigentum mutwillig zu beschädigen, verstößt gegen das moralische Gesetz und verlangt Wiedergutmachung.

In KKK 2412 wird an die Gerechtigkeit von CIC 1727 angeknüpft.

Im Sinne der ausgleichenden Gerechtigkeit fordert die Verpflichtung zur Wiedergutmachung einer begangenen Ungerechtigkeit, daß man das entwendete Gut dem Eigentümer zurückgibt

Auch in KKK 2454 wird an CIC 1727 angeknüpft.

Jede Weise, fremdes Gut entgegen der Gerechtigkeit an sich zu nehmen und zu gebrauchen, verstößt gegen das siebte Gebot. Die begangene Ungerechtigkeit erfordert Wiedergutmachung. Die ausgleichende Gerechtigkeit verlangt, das gestohlene Gut zurückzugeben.

KKK 2487 besagt, dass trotz Reue, Beichte und Lossprechung eine Wiedergutmachung zu erfolgen hat.

Jede Verfehlung gegen die Gerechtigkeit und die Wahrheit bringt die Verpflichtung zur Wiedergutmachung mit sich, selbst dann, wenn ihrem Urheber Vergebung gewährt worden ist. .... Die Pflicht zur Wiedergutmachung betrifft auch die Verfehlungen gegen den guten Ruf eines anderen. Diese moralische und zuweilen auch materielle Wiedergutmachung ist nach der Größe des verursachten Schadens zu bemessen. Sie ist eine Gewissenspflicht.

In KKK 2509 heißt es schließlich:

Eine Verfehlung gegen die Wahrheit verlangt Wiedergutmachung.

Diese Forderungen des CIC und des KKK um Wiedergutmachung machten vor dem Messbuch Halt. An keiner Stelle wurde eine Spur dessen im Messbuch gefunden. Dies sollte im neuen Messbuch geändert werden. Zur Hilfestellung hierzu wurde aus dem CIC und dem KKK zitiert. Es kann entweder wörtlich übernommen oder einfach nur sinngemäß daran angelehnt werden.

2.4.3 Von Schuld reinigen

Reinige uns von Schuld
und mache uns bereit für das kommende Fest. (8, 11, 16, 19)

So steht es in den Schlussgebeten für den Mittwoch und Samstag der 1. und 2. Adventswoche sowie des 3. Adventssonntages und den Mittwoch der 3. Adventwoche. Mit diesen Wiederholungen im Schlussgebet wurden über die 1. Hälfte der Adventszeit hinaus die Gläubigen wöchentlich zweimal am Ende des Gottesdienstes an ihre Schuld erinnert und damit in den Alltag entlassen. Ob dies der Erbauung dient, darf bezweifelt werden.[20]

Als neue Formulierung wäre denkbar:

Hilf uns, vom Bösen zu lassen und das Gute zu tun,
um uns somit für das kommende Fest vorzubereiten.

Wende deine Augen nicht von uns ab,
sondern heile alle Wunden der alten Schuld
durch die Ankunft deines Sohnes, (19)

Welche „alte Schuld" ist hierbei gemeint? Die Erbsünde wurde durch die Taufe abgewaschen. Sollte hier nach alten Sünden gesucht werden, die man möglicherweise bereits bitter bereut und gebeichtet hat? Sollte man diese möglicherweise wieder beichten? Hat Gott einem nicht vollständig vergeben, weil man sich dieser alten Schuld wieder erinnert?[21] Heißt es doch bereits im Alten Testament, „Habe ich etwa Gefallen am Tod des Schuldigen - Spruch GOTTES, des Herrn - und nicht vielmehr daran, dass er umkehrt von seinen Wegen und am Leben bleibt?" (Hes 18,23) Einige Kapitel später erfolgt die klare Antwort:

So wahr ich lebe - Spruch GOTTES, des Herrn -, ich habe kein Gefallen am Tod
des Schuldigen, sondern daran, dass ein Schuldiger sich abkehrt von seinem Weg
und am Leben bleibt. (Hes 33,11)

Wer ständig an seiner „alten Schuld" klebt, lebt nicht die Vergebung von Schuld. Dadurch geht an ihm das Leben vorbei. Das ist auch eine Form von Tod. Dabei hat Jesus gesagt: „Ich bin gekommen, damit sie das Leben haben und es in Fülle haben." (Joh 10,10)

---

20 Bei einer derartigen Häufung kommt der Verdacht auf, dass sich hierbei in der Redaktion des Messbuches Masochisten durchgesetzt haben, zumal die Adventszeit keine Bußzeit ist.
21 Solche Auffassungen sind zuweilen in Beichtgesprächen zu hören.

Als neue Formulierung wäre denkbar:

Begleite uns durch die Tage des Advents,
damit wir würdig die Geburt deines Sohnes feiern.

*wir sind vor dir schuldig geworden,
und die Sünde belastet uns. (24)*

Will man damit die Gläubigen zur Beichte während der Adventszeit drängen? Wo bleibt da der Glaube an die Vergebung der Sünden, was mit jedem Glaubensbekenntnis – nur ein Lippenbekenntnis? - gebetet wird?

Als neue Formulierung wäre denkbar:

Hilf uns, vom Bösen zu lassen und das Gute zu tun.

oder

Verhilf uns, immer mehr ein Liebender zu werden.

oder

Verhilf uns, immer mehr zum Guten zu streben.

oder

Nähre in uns dem Streben nach Heiligkeit.

2.4.4 Vergebung von Schuld durch Eucharistiefeier

Dieses Sakrament reinige uns von Schuld
und stärke uns in unserer Schwachheit. (82)

und

das Sakrament, das wir empfangen haben,
mache uns frei von Schuld (109)

und

dieses heilige Sakrament tilge unsere Schuld (110, 267, 293)

und

Tilge durch dieses Sakrament unsere Schuld (120)

und

das Opfer, das wir feiern, tilge unsere Schuld, (123)

und

befreie uns durch das heilige Sakrament
von jeder Schuld (124)

und

das Sakrament, das wir empfangen haben,
tilge unsere alte Schuld (141)

und

durch die Teilnahme an den heiligen Geheimnissen (197)

und

durch die Teilnahme am heiligen Sakrament
tilgst du unsere Schuld (199)

und

durch das Geheimnis des Glaubens, (219)

und

Befreie uns durch diese Feier von aller Schuld, (243)

und

An ihrem Fest feiern wir das Opfer,
das alle Schuld der Menschen tilgt. (863)

und

das Sakrament, das wir empfangen haben,
heile in uns die Wunden jener Schuld, (863)

und

Tilge unsere Schuld durch die Kraft dieser Speise (954)

Im Gabengebet der Messe für einen verstorbenen Bischof heißt es:

Dieses Opfer, das er so oft für das Heil
der Gläubigen gefeiert hat,
bringe auch ihm die Vergebung aller Schuld. (1182)

Ist das theologisch korrekt, dass die heilige Kommunion Sünden vergibt? Warum sollen dann die Sünder vor dem Kommunionempfang zur Beichte? Warum beten wir zu Beginn der heiligen Messe das Schuldbekenntnis und rufen im Kyrie Gott um sein Erbarmen an?

An weiteren Stellen wird den Sündern auf andere Weise die Schuld getilgt: „durch das Werk der Erlösung" (142, 148, 166, 176, 184),

Wenn die Schuld betont werden soll, zeigen oben genannte Beispiele, wie es anders formuliert werden könnte. Wenn die Eucharistiefeier oder die heilige Kommunion betont werden sollen, wären als neue Formulierung denkbar:

Dieses Sakrament heilige uns auf unserer irdischen Pilgerschaft.

oder

Diese Speise stärke uns in unserer Schwachheit.

oder

Diese Opferfeier geleite uns auf unserem Weg zu dir.

das heilige Sakrament, das wir empfangen haben,
reinige uns von der alten Schuld. (93)

Wenn die „alte Schuld" die Erbsünde sein soll, so wurde sie durch die Taufe abgewaschen. Wenn es bereits bereute und gebeichtete Sünden sind, so sind diese vergeben.

Als neue Formulierung wäre hierfür denkbar:

das heilige Sakrament, das wir empfangen haben,
stärke uns auf dem Weg zur Heiligkeit.

Von Seite 109 bis 124 sind diese Beispiele der Fastenzeit entnommen. Der Empfang der heiligen Kommunion zur Vergebung der Sünden? Wie sehen dies Dokumente des Zweiten Vatikanischen Konzils, das CIC und der KKK?

Kommunionempfang zur Vergebung der Sünden?

Auf dem Zweiten Vatikanischen Konzil (1962-1965) wurde in SC 55 beschlossen:

Mit Nachdruck wird jene vollkommenere Teilnahme an der Messe empfohlen, bei der die Gläubigen nach der Kommunion des Priesters aus derselben Opferfeier den Herrenleib entgegennehmen.

In LG 11 heißt es zur Kommunion:

.. so übernehmen alle bei der liturgischen Handlung ihren je eigenen Teil, sowohl in der Darbringung wie in der heiligen Kommunion, nicht unterschiedslos, sondern jeder auf seine Art. Durch den Leib Christi in der heiligen Eucharistiefeier gestärkt, stellen sie sodann die Einheit des Volkes Gottes, die durch dieses hocherhabene Sakrament sinnvoll bezeichnet und wunderbar bewirkt wird, auf anschauliche Weise dar.

Im CIC 912 heißt es: „Jeder Getaufte, der rechtlich nicht daran gehindert ist, kann und muß zur heiligen Kommunion zugelassen werden."

In CIC 915 wird beschrieben, wer nicht zur Kommunion zugelassen werden darf: „Zur heiligen Kommunion dürfen nicht zugelassen werden Exkommunizierte und Interdizierte nach Verhängung oder Feststellung der Strafe, sowie andere, die hartnäckig in einer offenkundigen schweren Sünde verharren,"

In CIC 1065 heißt es unter § 2: „ Damit die Brautleute das Sakrament der Ehe fruchtbringend empfangen, wird ihnen dringend empfohlen, zur Beichte und zur Kommunion zu gehen."

CIC 960 betont ausdrücklich:

Das persönliche und vollständige Bekenntnis und die Absolution bilden den einzigen ordentlichen Weg, auf dem ein Gläubiger, der sich einer schweren Sünde bewußt ist, mit Gott und der Kirche versöhnt wird;

In KKK 1331 heißt es: „Andere Namen sind: Brot der Engel, Himmelsbrot, 'Arznei der Unsterblichkeit' (Ignatius v. Antiochien, Eph. 20,2) und Wegzehrung".

In KKK 1355 heißt es. „In der Kommunion, der das Gebet des Herrn und die Brotbrechung vorangehen, empfangen die Gläubigen das „Brot des Himmels" und den „Kelch des Heiles", den Leib und das Blut Christi, der sich hingegeben hat „für das Leben der Welt" (Joh 6,51) 2

in KKK 1382 heißt es „Die Messe ist zugleich und untrennbar das Opfergedächtnis, in welchem das Kreuzesopfer für immer fortlebt, und das heilige Mahl der Kommunion mit dem Leib und dem Blut des Herrn. Die Feier des eucharistischen Opfers ist ganz auf die innige Vereinigung mit Christus durch die Kommunion ausgerichtet. Kommunizieren heißt, Christus selbst empfangen, der sich für uns hingegeben hat."

in KKK 1385 heißt es: „Wer sich einer schweren Sünde bewußt ist, muß das Sakrament der Buße empfangen, bevor er die Kommunion empfängt."

Von KKK 1391 bis 1401 werden die „Früchte der Kommunion" genannt:

- 1391: Sie vertieft unsere Vereinigung mit Christus.

- 1392: Sie bewahrt, vermehrt und erneuert das in der Taufe erhaltene Gnadenleben.

- 1393: Sie trennt uns von der Sünde.[22]

- 1394: Sie stärkt die Eucharistie, die Liebe, die im täglichen Leben zu erlahmen droht.

- 1395: Sie bewahrt uns vor zukünftigen Todsünden.

- 1396: Sie vereint uns enger mit Christus.

- 1397: Sie befähigt uns, in den Ärmsten unsere Schwestern und Brüder zu

---

22 Im weiteren Text wird Ambrosius zitiert: „Falls sein Blut jedesmal, wenn es vergossen wird, zur Vergebung der Sünden vergossen wird, muß ich es stets empfangen, damit es stets meine Sünden nachläßt. Ich, der ich immer sündige, muß immer ein Heilmittel haben." Ob damit ausgesagt ist, dass der Empfang der heiligen Kommunion Sünden vergibt, ist offen.

erkennen

- 1398: Sie ist ein Zeichen der Einheit der Christen in dieser Welt.

- 1399: Sie ist ein Zeichen der Einheit der Christen in dieser Welt.

In KKK 1415 heißt es dem Messbuch ausdrücklich widersprechend:

Wer Christus in der eucharistischen Kommunion empfangen will, muß im Stande der Gnade sein.

Hierzu gleichlautend heißt es in KKK 1457 ausdrücklich:

Die Kinder müssen, bevor sie zum ersten Mal die heilige Kommunion empfangen, zur Beichte gehen

Bezüglich einer schweren Notlage heißt es in KKK 1483:

Wenn eine schwere Notlage besteht, kann man sich mit der gemeinschaftlichen Feier der Versöhnung mit allgemeinem Sündenbekenntnis und allgemeiner Lossprechung behelfen. Eine solche schwere Notlage kann dann vorliegen, wenn unmittelbare Todesgefahr besteht und für den oder die Priester die Zeit, die Bekenntnisse der einzelnen Pönitenten zu hören, nicht ausreicht. Sie kann auch dann vorliegen, wenn unter Berücksichtigung der Zahl der Pönitenten nicht genügend Beichtväter vorhanden sind, um die Bekenntnisse der einzelnen innerhalb einer angemessenen Zeit ordnungsgemäß zu hören, so daß die Pönitenten ohne eigene Schuld gezwungen wären, die sakramentale Gnade oder die heilige Kommunion längere Zeit zu entbehren.

In KKK 1524 heißt es zur Wegzehrung:

Die Kirche bietet den Sterbenden neben der Krankensalbung die Eucharistie als Wegzehrung an. In diesem Moment des Hinübergangs zum Vater hat die Kommunion mit dem Leib und Blut Christi eine besondere Bedeutung und Wichtigkeit. Sie ist Same des ewigen Lebens und Kraft zur Auferstehung, denn der Herr sagt: „Wer mein Fleisch ißt und mein Blut trinkt, hat das ewige Leben, und ich werde ihn auferwecken am Letzten Tag" (Joh 6,54).

In KKK 1650 wird auf geschiedene Wiederverheiratete Bezug genommen:

Die Kirche hält deshalb daran fest, daß sie, falls die Ehe gültig war, eine neue Verbindung nicht als gültig anerkennen kann. Falls Geschiedene zivil wiederverheiratet sind, befinden sie sich in einer Situation, die dem Gesetze Gottes objektiv widerspricht. Darum dürfen sie, solange diese Situation andauert, nicht die Kommunion empfangen. Aus dem gleichen Grund können sie gewisse kirchliche Aufgaben nicht ausüben.

Ebenso in KKK 1665:

Geschiedene, die zu Lebzeiten des rechtmäßigen Gatten wieder heiraten, verstoßen gegen den Plan und das Gesetz Gottes, wie Christus es gelehrt hat. Sie sind zwar nicht von der Kirche getrennt, dürfen aber die heilige Kommunion nicht empfangen.

Als Begründung hierzu kann man KKK 2390 ansehen, in dem es heißt:

Der Geschlechtsakt darf ausschließlich in der Ehe stattfinden; außerhalb der Ehe ist er stets eine schwere Sünde und schließt vom Empfang der Heiligen Kommunion aus.

Außerhalb des Messbuches gibt es seit dem Zweiten Vatikanischen Konzil in keinem katholischen Dokument den Hinweis, dass der Empfang der Kommunion Sünden vergeben würde. Einzig ein Gebet, das der Priester nach der Austeilung der Kommunion in der 2. Hälfte des 20. Jh. betete, steht in diesem Zusammenhang:

Im Alt-katholischen Altarbuch von 1959 gab es bis zur Liturgiereform im Jahr 1980 zum Porifizieren des Kelchs das sogenannte „Kommuniongebet":[23]

Was mir mit dem Munde empfingen, Herr, das wollen wir reinen Herzens bewahren und aus dieser zeitlichen Gabe werde uns ewiges Heil. Deinen Leib, Herr, den ich empfangen und dein Blut, das ich getrunken habe, bleibe stets in meinem Herzen! Laß keine Sündenmakel in mir zurückbleiben, da mich dieses reine und heilige Sakrament gestärkt hat.

Dieses Gebet ist kein offizielles Gebet der römisch-katholischen Kirche und muss der Volksfrömmigkeit zugeschrieben werden.

---

23 https://de.wikipedia.org/wiki/Kommuniongebet
Ende der 1960er Jahre lernte ich es zur Erstkommunion mit ähnlichem Wortlaut.
Was ich mit dem Munde empfingen habe, Herr, das lass mich auch mit reinem Herzen aufnehmen. Gib, dass aus dieser zeitlichen Gabe werde mir ewige Erquickung. Deinen Leib, Herr, den ich empfangen und dein Blut, das ich getrunken habe, bleibe stets in meinem Herzen! Lass keinen Sündenmakel in mir zurückbleiben, da mich dieses reine und heilige Sakrament gelabt hat. Darum bitte ich durch Christus, unseren Herrn. Amen.

Wie die zitierten katholischen Schriften zeigen, sollte man schuldlos zum Kommunionempfang schreiten. Da die Sündenvergebung durch den Empfang der Kommunion nicht Lehre der römisch-katholischen Kirche ist, sollten derartige Aussagen aus dem Messbuch verschwinden.

2.4.5 Positive Beispiele

Im Messbuch sind auch andere Formulierungen zur Schuld enthalten:

Nimm von uns alle Schuld
und mache dir unsere Gabe wohlgefällig. (887)

und

vergib uns die Schuld
und führe auch uns zur Herrlichkeit. (923)

und

Befreie uns von aller Schuld
und läutere uns durch das Geheimnis des Glaubens, (928)

und

Und wenn das Gewissen uns anklagt,
so befreie uns von Schuld (960)

und

Du willst, daß alle Menschen
von ihrer Schuld erlöst und gerettet werden. (1035)

und

tilge unsere Schuld (1068)

und

und führst den, der schuldig geworden ist,
zu dir zurück. (1073)

Im Tagesgebet für Sterbende heißt es:

Da er (sie) im Leiden mit Christus verbunden
und durch sein Blut erlöst ist,
laß ihn (sie) schuldlos vor dein Angesicht treten
und das ewige Leben empfangen. (1104)

Im Tagesgebet der Messe „Um Nachlass der Sünden" heißt es:

Verzeihe uns alle Schuld
und schenke uns deinen Frieden. (1112)

oder

Sprich uns los von aller Schuld
und erlaß uns die Strafe,
die wir für unsere Sünden verdienen. (1112)

Im Gabengebet dieser Messe heißt es:

Tilge unsere Schuld
und gib unserem unbeständigen Sinn
Richtung und Halt. (1112)

Im Schlussgebet heißt es hingegen (siehe oben zur Eucharistie):

schenke uns durch die heilige Gabe,
die wir empfangen haben,
die Verzeihung aller Schuld. (1113)

Im Tagesgebet der Messe „Um einen guten Tod" heißt es:

Laß uns frei von Schuld aus dieser Welt scheiden
und ausruhen im Schoß deiner Barmherzigkeit. (1120)

Im Gabengebet einer Messe am Begräbnistag heißt es

Wenn noch Makel und Sünden an ihm (ihr) haften,
so tilge seine (ihre) Schuld in deinem Erbarmen. (1161)

Im Schlussgebet der Messe für einen Verstorbenen heißt es:

Gib, daß er (sie), gereinigt von aller Schuld,
zur Fülle des Lebens aufersteht. (1166)

Im Tagesgebet der Messe für mehrere Verstorbene heißt es:

Erbarme dich (deiner Diener N. und N. und)
aller, die in Christus entschlafen sind;
befreie sie von Schuld
und laß sie teilnehmen
an der Auferstehung deines Sohnes, (1177)

Im Tagesgebet der Messe für Verstorbene heißt es:

Verzeih ihnen,
wenn sie in den Sorgen und Mühen dieser Welt
schuldig geworden sind, (1194)

Im Tagesgebet der Messe für verstorbene Eheleute – wenn einer der beiden noch lebt – heißt es:

befreie deinen verstorbenen Diener N.
(deine verstorbene Dienerin N.) von aller Schuld
und schütze in deiner Vatergüte
seine Gattin (ihren Gatten),
die (der) um ihn (sie) trauert. (1196)

Es ist bemerkenswert, dass über die Hälfte dieser positiven Beispiele im Zusammenhang von Totenmessen sind. Es ist unbestritten, dass wir Menschen nicht nur heilige Anteile in uns haben, sondern auch unheilige, sprich sündige. Daher ist es angebracht, für die Vergebung der Schuld unserer Verstorbenen zu beten. Es ist aber mehr als gerecht, wenn im Messbuch mit der Schuld von Lebenden sprachlich genauso umgegangen wird, wie mit der Schuld der Verstorbenen. Hier steckt noch deutliches Entwicklungspotential.

2.5 Geschlechtergerechte Sprache

Vorbemerkung: Es soll hier nicht gegendert,[24] sondern das Messbuch dem aktuellen Sprachgebrauch angepasst werden. Damit wird auch denen gerecht, die weder Mann noch Frau sind.[25] So gehört immer mehr zum allgemeinen Schriftverkehr Männer, Frauen und Diverse. Sie alle aber sind Menschen. So könnte z.B. für den bisherigen „Sünder" künftig „sündige Menschheit" oder „Schuldbeladene" stehen.[26]

2.5.1 Sünder und Sünderinnen

Der Wortteil „Sünder" kommt im Messbuch insgesamt 27 Mal vor, „Sünderin" hingegen nie. Damit entsteht der Eindruck, dass nur Männer Sünder sind, Frauen aber nie sündigen. Wenn dies zuträfe, wäre immerhin die halbe Menschheit ohne Sünde.

Es geht nicht um eine „geschlechtergerechte Sprache" (Gendersprache) im Messbuch, aber bei der Sünde sollten keine Missverständnisse aufkommen. Wir Menschen sind sündhaft, Männer wie auch Frauen. Dies sollte im Messbuch sprachlich auch korrekt zum Ausdruck gebracht werden.

Der Unschuldige leidet für die Sünder (12)

Hierbei entsteht der Eindruck, dass Jesus nur für die sündigen Männer gelitten habe, nicht aber für die sündigen Frauen.

Der Unschuldige leidet für die sündige Menschheit.

denn ich bin gekommen,
um die Sünder zu rufen, nicht die Gerechten. Mt 9,13 (83)

Jesus rief nicht nur Sünder, sondern auch Sünderinnen zur Umkehr:

---

24 Damit wird z.B. verstanden, dass an allen bisherigen Stellen mit „Sünder" künftig „Sünder und Sünderinnen" bzw. „Sünderinnen und Sünder" stehen sollte. So wird in gedankenloser Einfachheit gegendert. Wer so – und dann noch meist radikal – gendert, soll bitte „Bürgermeisterwahl" korrekt gendern. Es müsste dann „Bürgerinnen- und-Bürger-Meisterinnen- und-Meister-Wahl" herauskommen.
Wie in dem Buch „Synopse des deutschen Bestattungsrechts" aufgezeigt wurde, versuchten 10 Bundesländer ihr Bestattungsgesetz in geschlechtergerechter Sprache herauszubringen. Wie darin nachgewiesen wurde, hat dies kein Bundesland lückenlos geschafft.

25 Dass es dieses dritte Geschlecht gibt, ist keine Modeerscheinung, sondern eine medizinische Tatsache, die auch die katholische Kirche anerkennen sollte.

26 Wenn geschlechtsneutrale Begriffe verwendet werden, sind damit immer Männer, Frauen und Diverse auch eingeschlossen.

- Aus Maria aus Magdala hat Jesus 7 Dämonen ausgetrieben (Mk 16,9)
- Der .Pharisäer und die Sünderin (Lk 7, 36-50)
- Die Frau am Jakobsbrunnen (Joh 4,1-42)
- Die auf frischer Tat ertappte Ehebrecherin (Joh 8,1-11)

denn ich bin gekommen,
um die Schuldbeladenen zu rufen, nicht die Gerechten.

du liebst die Unschuld
und schenkst sie dem Sünder zurück,
der reumütig zu dir heimkehrt. (101)

Gott schenkt auch den reumütigen Sündern ihre Unschuld zurück.

Diese Formulierung ist eine Anspielung auf das Gleichnis vom barmherzigen Vater (verlorenen Sohn) (Lk 15,11-32). Es gilt jedoch in gleicher Weise auch für Frauen.

du liebst die Unschuld
und schenkst sie alle Reumütigen,
die zu dir heimkehren.

wir stehen als Sünder vor dir, (1035

wir stehen als sündige Menschen vor dir,

Sei uns Sündern gnädig, (114)

Sei uns sündigen Menschen gnädig,

du schenkst den Gerechten ihren Lohn
und verzeihst den Sündern ihre Schuld
um der Buße willen. (121)

du schenkst den Gerechten ihren Lohn
und verzeihst den Ungerechten ihre Schuld
um der Buße willen.

Der Glanz dieser heiligen Nacht nimmt den Frevel hinweg, reinigt von Schuld, gibt
den Sündern die Unschuld, den Trauernden Freude. (75)

Der Glanz dieser heiligen Nacht nimmt den Frevel hinweg, reinigt von Schuld, gibt
den Schuldbeladenen die Unschuld, den Trauernden Freude.

Wir armen Sünder (96)

Wir sündigen Menschen.

du liebst die Unschuld
und führst den Sünder zu dir zurück. (176)

du liebst die Unschuld
und führst den Verirrten zu dir zurück.

deine Gnade macht die Sünder gerecht (175, 295)

deine Gnade befähigt uns zur Heiligkeit

Hier wird deutlich, dass man nicht so sehr bemüht sein sollte, das Negative (Sünder) zu negieren (gerecht machen), sondern dass man es einfach positiv ausdrücken kann. Wir alle sind zur Heiligkeit berufen. Dies sollte im Messbuch auch enthalten sein.

Nicht Gerechte zu rufen bin ich gekommen,
sondern die Sünder.(319)

Nicht Gerechte zu rufen bin ich gekommen,
sondern die Schuldigen.

und heile uns durch Jesus Christus,
den Arzt der Kranken, den Heiland der Sünder, (319)

und heile uns durch Jesus Christus,
den Arzt der Kranken, den Heiland der Schuldbeladenen.

Du bist gekommen, die Sünder zu berufen: (328)

Du bist gekommen, die Verirrten auf den rechten Weg zu führen.

Seine Wahrheit leuchtet den Suchenden, seine Kraft stärkt die Schwachen, seine
Heiligkeit bringt den Sündern Vergebung.(359)

Seine Wahrheit leuchtet den Suchenden, seine Kraft stärkt die Schwachen, seine Heiligkeit bringt den Reuevollen Vergebung.

Der Vergebung geht die Reue voraus. Diese kommt aber im Messbuch so viel wie nicht vor (2 Stellen). Dies sollte sich dringend ändern.

schau gnädig herab auf deine Familie,
für die unser Herr Jesus Christus
sich freiwillig in die Hände der Sünder überliefert
und die Marter des Kreuzes erduldet hat. (572)

schau gnädig herab auf deine Familie,
für die unser Herr Jesus Christus
sich freiwillig in die Hände der Menschen überliefert
und die Marter des Kreuzes erduldet hat.

Laß uns stets Tischgenossen deines Sohnes sein,
der gekommen ist, nicht Gerechte,
sondern Sünder zum Heil zu berufen. (783)

Laß uns stets Tischgenossen deines Sohnes sein,
der gekommen ist, nicht Gerechte,
sondern Ungerechte zum Heil zu berufen.

und Sünder auf den rechten Weg zu führen. (834)

und Verirrte auf den rechten Weg zu führen.

du Zuflucht der Sünder, (1161)

du Zuflucht der Reuevollen.

Für die Sünder und für alle, die dich nicht kennen: (1218)

Für uns sündige Menschen und für alle, die dich nicht kennen:

Zusammenfassend lässt sich sagen, dass der Begriff „Sünder" mit zahlreichen Synonymen ersetzt werden kann, darunter mit: Menschen,

- sündigen Menschen
  Jesus sagte einmal: „Wer von euch ohne Sünde ist, werfe als Erster einen Stein auf sie.-" (Joh 8,7)

- Schuldigen, Schuldbeladenen
  Außer Jesus und Maria ist kein Mensch ohne Schuld.

- Ungerechten
  Jesus sagte einmal: Gott „lässt seine Sonne aufgehen über Bösen und Guten und er lässt regnen über Gerechte und Ungerechte." (Mt 5,45)

- Verirrten

  Diese Bezeichnung bietet sich in besonderer Weise an, wenn es im Text um den guten Hirten geht, aber auch um Bischöfe und Priester und deren Volk oder um einen Weg.

- Reuevollen, Bußwilligen

  Die Kurzformel von Sündenvergebung lautet: 1. sündigen, 2. bereuen, 3. beichten gehen, 4. Buße tun.

- Lieblosen

  Diese Bezeichnung ermahnt, von der Lieblosigkeit zu lassen und sich dem liebevollem Umgang zuzuwenden.

- Unheiligen

  Diese Bezeichnung erinnert daran, dass wir zur Heiligkeit berufen sind.

Manchmal bietet der bestehende Text sprachlich das ideale Synonym an: Gerechte – Ungerechte, Weg – Verirrte,

Durch diese Vielfalt an Ausdrücken wird ein Schritt aus der Eintönigkeit von „Sünde" und „Sündern" gegangen. Die Sprache wird dadurch lebendiger und anschaulicher. Durch treffliche Synonyme tritt der Text aus dieser Monotonie heraus und wird ansprechender und verständlicher. Damit wird auch die Sünde selbst immer wieder unter einem anderen Licht betrachtet, was für die Rückkehr zum Weg der Heiligkeit hilfreich ist.

Dies ist Gottes Wille in Kurzfassung: Alles Unheilige soll heilig werden.

Anregung:

Neue Bibelausgaben sind eine gewaltige Herausforderung und erfordern daher viel Zeit. Aus diesem Grund erscheinen neue Bibelausgaben nicht nach Jahren, sondern nach Jahrzehnten. Die letzte Ausgabe der Einheitsübersetzung erfolgte im Jahr 2016. Es wird somit noch Jahrzehnte dauern, bis wieder eine neue Ausgabe der Einheitsübersetzung erscheinen wird. Es sollte aber bereits jetzt die sprachliche Vielfalt von „Sünder" auf die To-do-Liste der neuen Bibelübersetzung aufgenommen werden.

2.5.2 Schwestern und Brüder

„Mit euch bin ich Christ, für euch bin ich Bischof." Diese Worte des Kirchenvater Augustinus zitierte Papst Leo XIV. in seiner Ansprache vom 08.05.2025.[27] Augustinus war jedoch nicht der Erfinder der Gleichstellung. Bereits Paulus schrieb die bedeutsamen Worte, die in der Leseordnung für Sonn- und Feiertage nicht vorkommen: „Es gibt nicht mehr Juden und Griechen, nicht Sklaven und Freie, nicht männlich und weiblich; denn ihr alle seid einer in Christus Jesus." (Gal 3,28)

Bei der Suche nach der Wortfolge „Schwestern und Brüder" im Messbuch wurde kein Treffer gefunden, aber 33 Stellen mit „Brüder und Schwestern". Übertragen auf die Umgangssprache wurde dies heißen, „Herren und Damen". Dies würde uns sehr befremdlich klingen. Diese andere Reihenfolge kann unterschiedliche Gründe haben:

- Es wurde eine alte übliche Formulierung gedankenlos übernommen.

- Im Messbuch soll ausgedrückt werden, dass die katholische Kirche eine eigene Sprache – eine Binnensprache – besitzt, die sich von der allgemeinen Umgangssprache abhebt.

- Im Messbuch soll hervorgehoben werden, dass in der katholischen Kirche die Männer – Diakone, Priester und Bischöfe – an 1. Stelle stehen. Danach kommen die Frauen.

Was auch immer der Grund ist oder die Gründe sind, weshalb im Messbuch die Männer vor den Frauen genannt werden, es sollte geändert und damit dem allgemeinen Sprachgebrauch angepasst werden.

Damit die Anrede der Gläubigen nicht nur bei „Schwestern und Brüder" bleibt, sind auch andere Anreden möglich, so z.B.: „Mitchristen (0),[28] Mitfeiernde (3), „versammelte Gemeinde" (2), „Gottesvolk" (7), „Kinder Gottes" (10), „Gottes Kinder" (0), „Gotteskinder" (1) und „Anwesende" (2). Gerne kann diese Liste erweitert werden.

---

27 https://www.vaticannews.va/de/papst/news/2025-05/papst-leo-erste-worte-auf-der-loggia-des-petersdoms.html
28 Die in Klammer angegebene Zahl gibt die Anzahl der Stellen im Messbuch an.

2.5.3 „Brüderlich" - „geschwisterlich"

Bei den Märchenautoren Grimm sprechen wir heute noch von den „Gebrüdern Grimm". Ansonsten ist „Gebrüder" weitestgehend aus dem allgemeinen Sprachgebrauch. Dafür haben die Begriffe „Geschwisterlichkeit", „Geschwister"[29] und „geschwisterlich" Frauen und Männer mit eingeschlossen, obwohl das Grundwort „Schwester", also weiblich ist. Im Allgemeinen fühlen sich auch Diverse bei „geschwisterlich" mit eingeschlossen.

Das Messbuch – ohne Einführung – enthält 19 Mal „brüderlich", „geschwisterlich" sucht man darin vergebens. Davon ist 10 Mal von der „brüderlichen Liebe" die Rede. Hierfür sollte künftig „geschwisterlicher Liebe" stehen.

Mach uns zu einer offenen und brüderlichen Gemeinde. (317)

Mach uns zu einer offenen und sozialen Gemeinde.

Mach uns demütig vor dir
und brüderlich unter den Menschen. (525)

Mach uns demütig vor dir
und hilfsbereit unter den Menschen.

Schenke ihnen brüderliche Gemeinschaft (1038)

Schenke ihnen wahre Gemeinschaft

Mache sie eins durch das Band
des unversehrten Glaubens
und der brüderlichen Liebe. (1063)

Mache sie eins durch das Band ...
der Liebe zueinander.

dieses heilige Mahl ist uns ein Zeichen
der brüderlichen Verbundenheit (1075, 1094)

dieses heilige Mahl ist uns ein Zeichen
der Einheit und Verbundenheit der Kirche.

den Geist der Brüderlichkeit (1082)

---

29 Ich habe 7 Geschwister, 3 Brüder und 4 Schwestern. Gemeinschaftlich bezeichnen wir uns als Geschwister. So sollte es auch im Messbuch gehandhabt werden.

den Geist der Geschwisterlichkeit / Einheit / echter Liebe

Schenke uns als Frucht dieses Opfers
brüderliche Gesinnung (1098)

Schenke uns als Frucht dieses Opfers
eine liebevolle Gesinnung.

Zweimal ist vom „brüderlich teilen" die Rede. Dies kann so bestehen bleiben, da es zur Umgangssprache gehört. Die Umgangssprache ist nicht immer logisch.

Wie diese Beispiele zeigen, sind völlig neue Sichtweisen möglich, wenn man aus dem Denkschema von Brüderlichkeit und Geschwisterlichkeit aussteigt. So kann eine „liebevolle Gesinnung" das Gleiche ausdrücken.

Schön wäre es, wenn dazu die geschwisterliche Kirche nicht nur im Wort bleibt, sondern es auch lebt. Dies würde bedeuten, dass Frauen auch die Priesterweihe und Bischofsweihe gespendet werden darf. - Aktuell dürfen Frauen zwar in den unterschiedlichsten Fächern Priesteramtskandiaten ausbilden, aber selbst keine Priesterinnen sein. Frauen dürfen zwar Predigthilfen schreiben, aber selbst keine Eucharistiefeier halten. - Paulus grüßte in Röm 16,7 Junia als „Apostelin", was heute mindestens einem Erzbischof und Kardinal gleich käme, aber die katholische Kirche verwehrt der Hälfte der Berufenen den Zugang zu den Weihen. Lediglich Jungfrauenweihe und die Weihe zur Äbtissin ist den Frauen in der katholischen Kirche möglich. Dies ist keinesfalls geschwisterlich im Sinne von gleichberechtigt. Dies würde die „Gotteskindschaft" – sie ist 4 Mal im Messbuch und als „Kinder Gottes" 12 Mal in der Bibel genannt – ins Leben der Gemeinde bringen.

2.6 Klagen

2.6.1 Klagen

Als großes Gebetsbuch der Kirche hat das Messbuch Vorbildcharakter. Es enthält den Lobpreis Gottes, sowie Bitt- und Dankgebete an Gott.

So enthält das Messbuch als Wortteil „Lobpreis" insgesamt 12 Mal, „loben" insgesamt 32 Mal, „preisen" insgesamt 150 Mal, „Bitte" insgesamt 1.960 Mal, „Dank" 364 Mal, „Klage" 5 Mal und „Hader" 2 Mal.

Gebetsform	Anzahl
Lobpreis	12
loben	32
preisen	150
Bitte	1960
Dank	364
Klage	5
Hader	2

Tab. 3 Gebetsformen

Damit werden im Messbuch 5 Mal mehr Bitten an Gott gerichtet, als dass ihm gedankt wird. Gott zu preisen, erfolgt mit 3-stelliger Anzahl , ihn zu loben mit 2-stelliger Anzahl. „Klage" und „Hader" kommen im Messbuch nur einstellig vor.

Hader

Im 2. Kehrvers der Abendmahlmesse (Gründonnerstag) heißt es:

Es fliehe der Streit, böser Hader entweiche;
in unserer Mitte wohne der Herr. (25)

Der Eröffnungsvers an Niklaus von Flüe (25. September) heißt es:

Weit fort möchte ich fliehen,
die Nacht verbringen in der Wüste.
Denn in der Stadt sehe ich Gewalttat und Hader. (789

Aus diesen Textstellen ist unklar, gegen wen sich der Hader richtet, gegen Menschen, gegen Gott oder gegen beide. Einigkeit besteht jedoch darin, dass Hader etwas Schlechtes ist, das entweichen soll, dem man entflieht.

Klage

In einer Antiphon am Aschermittwoch heißt es:

Zwischen Vorhalle und Altar sollen die Priester klagen,
die Diener des Herrn sollen sprechen:
Hab Mitleid, Herr, mit deinem Volk,
laß den Mund derer, die dich loben, nicht verstummen. (79)

Im Eröffnungsvers am Donnerstag nach Aschermittwoch heißt es:

Ich rufe zum Herrn, er hört mein Klagen. (81)

Im Tagesgebet zur Auswahl heißt es unter Nummer 23:

Die Gegensätze in der Welt klagen uns an:
Reichtum und Not,
Hunger und Überfluß,
Sorglosigkeit und Leid stehen gegeneinander. (313)

Der Eröffnungsvers beim Jahresgedächtnis lautet:

Der Herr wird jede Träne aus ihren Augen wischen:
der Tod wird nicht mehr sein, nicht Trauer noch Klage, noch Mühsal; denn die alte
Welt ist vergangen. (1165)

Für ein Kind, das die Taufe nicht empfangen konnte, lautet der Eröffnungsvers:

Der Herr wird jede Träne aus ihren Augen wischen;
der Tod wird nicht mehr sein, nicht Trauer noch Klage, noch Mühsal;
denn die alte Welt ist vergangen. (1202)

Im 1. Text werden die Priester aufgefordert, gegen Gott zu klagen. Im 2. Text soll Gott die Klage des Beters erhören. Im 3. Eröffnungsvers klagen die Missstände in der Welt die Gläubigen an.

2.6.2 Klagen in der Liturgie des Sonntags

Sonntagslektionar Lesejahr A

Gen 8	Ex 7	Lev 1	Num 2	Dtn 3	1 Sam 1	2 Sam 2
1 Kön 3	2 Kön 1	1 Chr 1	2 Chr 1	2 Makk 1	Ijob 1	Spr 1
Weish 3	Jes Sir 4	Jes 29	Jer 3	Bar 1	Ez 8	Dan 2
Hos 1	Joel 2	Zef 1	Sach 1	Mal 2		
Mt 62	Mk 2	Lk 16	Joh 33	Apg 17	Röm 28	1 Kor 17
2 Kor 3	Gal 2	Eph 7	Phil 6	Kol 2	1 Thess 6	2 Tim 2
Tit 2	Hebr 5	Jak 1	1 Petr 7	2 Petr 1	1. Joh 4	Offb 5

Ijob 19, 1.23-29

Da antwortete Ijob und sprach: Würden meine Worte doch geschrieben, / würden
sie doch in ein Buch eingeritzt, mit eisernem Griffel und mit Blei, / für immer
gehauen in den Fels. Doch ich, ich weiß: Mein Erlöser lebt, / als Letzter erhebt er

sich über dem Staub. Ohne meine Haut, die so zerfetzte, / und ohne mein Fleisch werde ich Gott schauen. Ihn selber werde ich dann für mich schauen; / meine Augen werden ihn sehen, nicht mehr fremd. / Meine Nieren verzehren sich in meinem Innern. Wenn ihr sagt: Wie wollen wir ihn verfolgen / und den Grund der Sache an ihm finden!, dann bangt für euch selber vor dem Schwert; / denn brennender Zorn verdient das Schwert, / damit ihr wisst: Es gibt ein Gericht.

Sonntagslektionar Lesejahr B

Gen 10	Ex 8	Lev 1	Num 3	Jos 1	1 Sam 2	2 Sam 2
1 Kön 3	2 Kön 1	1 Chr 1	2 Chr 2	2 Mak 1	Jjob 3	Spr 1
Weish 4	Jes Sir 2	Jes 22	Jer 4	Bar 1	Ez 7	Dan 4
Hos 2	Joel 2	Amos 1	Jona 1	Mal 1		
Mt 13	Mk 44	Lk 19	Joh 43	Apg 18	Röm 10	1. Kor 15
2. Kor 10	Gal 3	Eph 19	Phil 1	Kol 2	1. Thess 2	2. Tim 1
Tit 2	Hebr 15	Jak 5	1. Petr 3	2. Petr 2	1. Joh 10	Offb 6

Ijob 7,1-7

Ist nicht Kriegsdienst des Menschen Leben auf der Erde? / Sind nicht seine Tage die eines Tagelöhners? Wie ein Knecht ist er, der nach Schatten lechzt, / wie ein Tagelöhner, der auf seinen Lohn wartet. So wurden Monde voll Enttäuschung mein Erbe / und Nächte voller Mühsal teilte man mir zu. Lege ich mich nieder, sage ich: / Wann darf ich aufstehn? / Wird es Abend, bin ich gesättigt mit Unrast, bis es dämmert. Mein Leib ist gekleidet in Maden und Schorf, / meine Haut schrumpft und eitert. Schneller als das Weberschiffchen eilen meine Tage, / sie gehen zu Ende, ohne Hoffnung. Denk daran, dass mein Leben nur ein Hauch ist! / Nie mehr schaut mein Auge Glück.

Ijob 19, 1.23-29

Da antwortete Ijob und sprach: Würden meine Worte doch geschrieben, / würden sie doch in ein Buch eingeritzt, mit eisernem Griffel und mit Blei, / für immer gehauen in den Fels. Doch ich, ich weiß: Mein Erlöser lebt, / als Letzter erhebt er sich über dem Staub. Ohne meine Haut, die so zerfetzte, / und ohne mein Fleisch werde ich Gott schauen. Ihn selber werde ich dann für mich schauen; / meine Augen werden ihn sehen, nicht mehr fremd. / Meine Nieren verzehren sich in meinem Innern. Wenn ihr sagt: Wie wollen wir ihn verfolgen / und den Grund der Sache an ihm finden!, dann bangt für euch selber vor dem Schwert; / denn brennender Zorn verdient das Schwert, / damit ihr wisst: Es gibt ein Gericht.

Ijob 38, 8-11

Wer verschloss das Meer mit Toren, / als schäumend es dem Mutterschoß entquoll, als Wolken ich zum Kleid ihm machte, / ihm zur Windel dunklen Dunst, als ich ihm ausbrach meine Grenze, / ihm Tor und Riegel setzte und sprach: Bis hierher darfst du und nicht weiter, / hier muss sich legen deiner Wogen Stolz?

Sonntagslektionar Lesejahr C

Gen 10	Ex 7	Num 2	Dtn 2	Jos 1	1 Sam 3	2. Sam 3
1. Kön 4	2. Kön 1	1. Chr 1	2. Chr 1	Neh 1	2. Makk 2	Ijob 1
Spr 1	Weish 4	Jes Sir 5	Jes 20	Jer 5	Bar 2	Ez 6
Dan 3	Joel 2	Amos 2	Micha 1	Hab 1	Zef 1	Sach 1
Mal 2						
Mt 12	Mk 2	Lk 68	Joh 37	Apg 18	Röm 13	1. Kor 19
2. Kor 3	Gal 8	Eph 6	Phil 6	Kol 7	1. Thes 2	2. Thes 3
1. Tim 3	2. Tim 5	Tit 3	Phil 1	Hebr 12	1. Petr 2	2. Petr 1
1. Joh 4	Offb 10					

Ijob 1.23-29

Da antwortete Ijob und sprach: Würden meine Worte doch geschrieben, / würden sie doch in ein Buch eingeritzt, mit eisernem Griffel und mit Blei, / für immer gehauen in den Fels. Doch ich, ich weiß: Mein Erlöser lebt, / als Letzter erhebt er sich über dem Staub. Ohne meine Haut, die so zerfetzte, / und ohne mein Fleisch werde ich Gott schauen. Ihn selber werde ich dann für mich schauen; / meine Augen werden ihn sehen, nicht mehr fremd. / Meine Nieren verzehren sich in meinem Innern. Wenn ihr sagt: Wie wollen wir ihn verfolgen / und den Grund der Sache an ihm finden!, dann bangt für euch selber vor dem Schwert; / denn brennender Zorn verdient das Schwert, / damit ihr wisst: Es gibt ein Gericht.

2.6.3 Klagen in der Bibel

Die Bibel kennt die Klage als Gebetsform. Leider klammern wir diese Gebetsform in unserer Liturgie aus. Die Folge ist, dass Leidende sich nicht getrauen, gegen Gott zu klagen, mit ihm zu hadern. Und wenn sie es doch tun, dann haben einige von ihnen ein schlechtes Gewissen.

Das muss nicht sein. Wenn in der allgemeinen Liturgie zumindest gelegentlich gegen Gott geklagt würde, hätten die Menschen eine Legitimation für ihre Klage: Wenn schon in der Liturgie so gebetet wird, darf ich in meinem Leid auch so beten.

Im Alten Testament gibt es die Klagelieder. Darin bringt das Volk Israel seine Not klagend vor Gott. In einer 1443 Seiten starken Bibel umfassen sie 7 Seiten.

Bekannter sind die „Klagefrauen" (Jer 9,16) und „Klagerufe" (Jak 5,4). „Klage" kommt in der Einheitsübersetzung (2016) in 40 Versen vor, „Klagen" bzw. „klagen" in 39 Versen.

Unter den Psalmen gibt es verschiedene Gruppen, darunter die Klagepsalmen. Dazu gehört u.a. der Psalm 22. Den Anfang von Psalm 22 kennen die meisten Christen, wissen aber kaum, dass mit diesen Worten der Psalm 22 beginnt:

Mein Gott, mein Gott, warum hast du mich verlassen?

Psalm 22 kommt in keinem der Lesungstexte vor, weil Psalmen hiervon ausgenommen sind. Auch als Kommunionvers ist der Psalm 22 nicht genannt, noch nicht einmal in der Karwoche. Damit wird den Gläubigen eine wichtige Information vorenthalten: Jesus hat am Kreuz hängend zumindest begonnen, den Psalm 22 zu beten. Wenn Jesus in seiner Not so gebetet hat und wir in der Nachfolge Christi leben sollen, steht es uns zu, guten Gewissens auch so zu beten. Damit unterstreicht Jesus, auch Hadern und Klagen ist Gebet.

2.6.4 Mögliche Klagetexte

Mögliche Ijobs-Lesung

Eine Zusammenfassung des Ijob-Buches mit Versen könnte so aussehen:

Ijob 1,1f.13-15.18-21; 2,7-11.13; 3,1.11.16; 13,18f; 42,10.13.16f

Im Lande Uz lebte ein Mann mit Namen Ijob. Dieser Mann war untadelig und rechtschaffen; er fürchtete Gott und mied das Böse. Sieben Söhne und drei Töchter wurden ihm geboren. / Nun geschah es eines Tages, dass seine Söhne und Töchter im Haus ihres erstgeborenen Bruders aßen und Wein tranken. Da kam ein Bote zu Ijob und meldete: Die Rinder waren beim Pflügen und die Eselinnen weideten daneben. Da fielen Sabäer ein, nahmen sie weg und erschlugen die Knechte mit scharfem Schwert. Ich ganz allein bin entronnen, um es dir zu berichten. / Noch ist dieser am Reden, da kommt schon ein anderer und sagt: Deine Söhne und Töchter aßen und tranken Wein im Haus ihres erstgeborenen Bruders. Da kam ein gewaltiger Wind über die Wüste und packte das Haus an allen vier Ecken; es stürzte über die jungen Leute und sie starben. Ich ganz allein bin entronnen, um es dir zu berichten. Da stand Ijob auf, zerriss sein Gewand, schor sich das Haupt, fiel auf die Erde, betete an und sprach: Nackt kam ich hervor aus dem Schoß meiner Mutter; / nackt kehre ich dahin zurück. / Der HERR hat gegeben, der HERR hat genommen; gelobt sei der Name des HERRN. / Der Satan ging weg vom Angesicht Gottes und schlug Ijob mit bösartigem Geschwür von der Fußsohle bis zum Scheitel. Da nahm er sich eine Tonscherbe, um sich damit zu schaben, während er mitten in der Asche saß. Seine Frau sagte zu ihm: Hältst du immer noch fest an deiner Frömmigkeit? Segne Gott und stirb! Er aber sprach zu ihr: Wie eine Törin redet, so redest du. Nehmen wir das Gute an von Gott, sollen wir dann nicht auch das Böse annehmen? / Die drei Freunde Ijobs hörten von all dem Bösen, das über ihn gekommen war. Und sie kamen, jeder aus seiner Heimat. / Sie saßen bei ihm auf der Erde sieben Tage und sieben Nächte und keiner sprach ein Wort zu ihm. Denn sie sahen, dass der Schmerz sehr groß war. / Danach tat Ijob seinen Mund auf und verfluchte seinen Tag./ Warum starb ich nicht vom Mutterschoß weg, / kam ich aus dem Mutterleib und verschied nicht gleich? / Wie die verscharrte Fehlgeburt wäre ich nicht mehr, / Kindern gleich, die das Licht nie geschaut./ Seht, ich bringe den Rechtsfall vor; / ich weiß, ich bin im Recht. Wer könnte den Rechtsstreit gegen mich gewinnen? / Dann wollte ich schweigen und sterben. / Der HERR wendete das Geschick Ijobs, als er für seinen Freund Fürbitte einlegte, und der HERR mehrte den Besitz Ijobs auf das Doppelte. / Auch bekam er sieben Söhne und drei Töchter. / Ijob lebte danach noch hundertvierzig Jahre und er sah seine Kinder und Kindeskinder, vier Generationen. Dann starb Ijob, hochbetagt und satt an Lebenstagen.

Mit diesen Worten werden verschiedene Themen angesprochen:

- Auch den gerechten Ijob traf großes Leid.

- Begleiter von Leidenden sollten nicht vorschnell reden.

- Die Erhabenheit des Ijob zu Beginn („Der Herr hat gegeben. Der Herr hat genommen. Gelobt sei der Name des Herrn." - war wohl im Schockzustand) wich später der Klage.

- Ijob klagte schwer gegen Gott, doch Gott nahm ihm das nicht übel. Gott segnete Ijob mit doppelt so großen Herden und gleicher Anzahl an Kindern. Er durfte noch seine Enkelkinder erleben.

Fazit: Auch wenn man in der Form der Klage zu Gott betet, so kann man auch hierbei Segen erlangen.

Jakob ringt mit Gott

Eine ähnliche Erfahrung machte Jakob bei der Überquerung des Jabbok:

In derselben Nacht stand er auf, nahm seine beiden Frauen, seine beiden Mägde sowie seine elf Kinder und durchschritt die Furt des Jabbok. Er nahm sie und ließ sie den Fluss überqueren. Dann schaffte er alles hinüber, was ihm sonst noch gehörte. Als er allein zurückgeblieben war, rang mit ihm ein Mann, bis die Morgenröte aufstieg. Als der Mann sah, dass er ihn nicht besiegen konnte, berührte er sein Hüftgelenk. Jakobs Hüftgelenk renkte sich aus, als er mit ihm rang. Er sagte: Lass mich los; denn die Morgenröte ist aufgestiegen. Er entgegnete: Ich lasse dich nicht los, wenn du mich nicht segnest. Er fragte ihn: Wie ist dein Name? Jakob, antwortete er. Er sagte: Nicht mehr Jakob wird man dich nennen, sondern Israel - Gottesstreiter -; denn mit Gott und Menschen hast du gestritten und gesiegt. (Gen 32,23-29)

Der Geschichte nach hat hier sogar ein Mensch Hand an Gott gelegt, hat mit ihm gerungen und Gott bestrafte ihn dafür nicht, sondern segnete ihn.

Auch wenn diese Geschichte zu den Mythen zu zählen ist, so lautet die Kernbotschaft: Auch wenn man mit Gott ringt, kann man Segen erlangen.

Jesus am Kreuz

Auch Jesus hat geklagt. Dies wird oft vergessen: Mk 15,33-37 (Mt 27,45-50)

Als die sechste Stunde kam, brach eine Finsternis über das ganze Land herein - bis zur neunten Stunde. Und in der neunten Stunde schrie Jesus mit lauter Stimme: Eloï, Eloï, lema sabachtani?, das heißt übersetzt: Mein Gott, mein Gott, warum hast du mich verlassen? Einige von denen, die dabeistanden und es hörten, sagten: Hört, er ruft nach Elija! Einer lief hin, tauchte einen Schwamm in Essig, steckte ihn auf ein Rohr und gab Jesus zu trinken. Dabei sagte er: Lasst, wir wollen sehen, ob Elija kommt und ihn herabnimmt. Jesus aber schrie mit lauter Stimme. Dann hauchte er den Geist aus. (Mk 15,33-37)

Es wird immer wieder die Christusnachfolge betont. Daher gilt: Wenn Jesus am Kreuz in seinem Leid den Klagepsalm 22 zumindest begonnen hat, zu beten, dann dürfen wir guten Gewissens (!) in unserem Leid auch in der Form der Klage beten.

Wenn dieser Evangeliumstext gelesen wird, sollte dazu immer Psalm 22 als Lesungstext mit angegeben werden, damit das Gottesvolk diesen Zusammenhang erkennen kann. Als Text käme in Frage:

Mein Gott, mein Gott, warum hast du mich verlassen,
bist fern meinem Schreien, den Worten meiner Klage?
Mein Gott, ich rufe bei Tag, doch du gibst keine Antwort;
ich rufe bei Nacht und finde doch keine Ruhe.
Von Geburt an bin ich geworfen auf dich, vom Mutterleib an bist du mein Gott.
Sei mir nicht fern, denn die Not ist nahe, und niemand ist da, der hilft.
Meine Kehle ist trocken wie eine Scherbe,
die Zunge klebt mir am Gaumen, du legst mich in den Staub des Todes.
(Ps 22, , 2f; 11f; 16)

Dadurch, dass im Messbuch Hadern und Klagen offen vorgelegt und vorgebetet wird, entstünde im Gottesvolk die Erkenntnis, dass auch dies Gebet ist und sich keiner schämen muss oder gar zur Beichte gehen muss, wenn er hadernd und klagend betet. Diese Erfahrung wäre für alle Leidenden eine große Erleichterung.

2.7 Krieg und Frieden

Im Messbuch wird „Krieg" 12 Mal genannt, „Frieden" 211 Mal. Damit gehört Frieden zu den häufigeren Begriffen im Messbuch. Ist dies doch eine große Sehnsucht aller Menschen, insbesondere der Menschen, die in Kriegs- und Krisengebieten leben.

Schon früh wurde die große Bedeutung des Friedens erkannt. So schrieb bereits um 700 v.C. der griechische Dichter Hesiod:

> Der Frieden ist dem Lande eine Amme.

Ich war für 12 Jahre Soldat, da mir der Erhalt des Friedens wichtig ist. Ich bin nicht für Krieg, aber für Abschreckung. Diese gibt es auch im Tierreich, wenn z.B. giftige Tiere durch ihre leuchtenden Farben jedem potentiellen Fressfeind signalisieren, „Wenn du mich frisst, wird es dir schlecht ergehen."

Gegenüber einer realen Bedrohung gibt es zwei sich ergänzende Möglichkeiten, Frieden zu erhalten:

- Frieden schaffen mit Waffen.

  Dies ist nur möglich, mit einer wehrhaften Armee.

- Frieden schaffen ohne Waffen.

  Dies sollte auf zahlreichen Ebenen erfolgen, u.a. damit:

  - mit Abschaffung von Feindbildern in den Köpfen der Menschen,

  - mit dem Recht auf Leben und Erhalt der Gesundheit für alle Menschen,

  - mit der Sicht, dass Krieg Brudermord ist,
    Die monotheistischen Religionen sehen die Menschheit als Kinder des einen Gottes an.

  - mit Gerechtigkeit auf allen Ebenen,

  - auf diplomatischen Wegen,

  - mit freundschaftlichen Beziehungen.

> Krieg ist ein Scheitern der Friedensbemühungen.

2.7.1 Krieg

Seit 80 Jahren lebt Deutschland im Frieden. Die letzten Zeitzeugen sterben. Erst seit der „russischen Spezialoperation", wie der Ukraine-Krieg in Russland genannt werden muss, bekommen wir in Deutschland durch die Flüchtlinge mit, was Krieg bedeutet: Tod und Zerstörung. Not und Vertreibung. Krieg betrifft uns wieder direkt. Deutschland führt zwar keinen Krieg gegen eine Nation, aber wir erleben, was geschehen kann, wenn sich eine Nation oder ein Bündnis nicht wehren kann. Diese Nation wird von einem Aggressor einfach überrannt.

Wir reden miteinander und verstehen uns nicht.
Wir schließen Verträge und vertragen uns nicht.
Wir sprechen vom Frieden und rüsten zum Krieg.
Zeig uns einen Ausweg. (311)

Die ersten 3 Sätze sind aus der Friedensbewegung. Diese Wortspiele sind traurige Realität. Wohin die Abrüstung Deutschland gebracht hat, zeigt uns der Ukraine-Krieg. Während Deutschland Panzer im großen Stil verschrottet hat, stellte Russland seine Panzer in Depots. Im Ukraine-Krieg werden diese alten Panzer hervorgeholt und an die Front geliefert. Deutschland kann mit den verschrotteten Panzern die Ukraine nicht unterstützen. Das ist Realität und ein militärisches Ungleichgewicht.

Wir in Deutschland tun uns leicht, zu sagen, dass die Ukraine ihre Ostgebiete und die Krim an Russland abtreten soll. Uns betrifft es nicht. Doch wer sagt, dass damit der Machthunger Putins gestillt ist. Es ist nicht zu vergessen, dass in den ersten Kriegstagen Kiew erobert werden sollte. Dies legt nahe, dass Putin die ganze Ukraine wieder „heim ins Reich" – so etwas gab es bereits in den 1930er Jahren in Europa – holen will.

Ist damit damit der Machthunger Putins gestillt? Adolf Hitler träumte im Zweiten Weltkrieg vom „Großdeutschen Reich", das im Osten bis zum Ural reichen sollte. Was spricht dagegen, dass Putin davon träumt, die Grenzen von 1945 wieder herzustellen. Damit würden nicht nur Polen, Ungarn, Tschechien und Slowenien wieder zum Bereich des Warschauer Paktes gehören, sondern auch die ehemalige DDR. Was können wir diesen Phantasievorstellungen wirksam entgegensetzen?

Ein Slogan der Bundeswehr, der bis 1990 galt, lautete: „Kämpfen können, um nicht kämpfen zu müssen." Wenn ein Aggressor bei einem Angriff große Verluste hinnehmen muss, wird er hoffentlich von einem Angriff absehen.

Wenn es zu einem Aggressor kommt, ist dies bereits die Vorstufe zum Krieg. Daher ist es wichtig, dafür zu sorgen, dass es zu keinem Aggressor kommt. Die Deutsch-Französische Freundschaft, die im Jahr 1963 beschlossen wurde, zeigt einen Ausweg, wie aus einstigen Erzfeinden der Beginn der EU wurde.

Die wirtschaftlichen Verbindungen zwischen Deutschland und Russland sollten den Frieden zwischen Ost- und Westeuropa sichern. Die Annektion der Krim im Jahr 2014 wurde vom Westen ohne Sanktionen hingenommen. In einem Blitzkrieg sollte nun die Ukraine überrollt werden. Das Beispiel zeigt, dass vor 2014 zu wenig Ost-West-Freundschaft betrieben und nach 2014 zu wenig Sanktionen erfolgt sind.

Ein Weg zum Frieden wäre die Gleichheit aller Menschen. Das bedeutet, dass keine religiöse, ethnische oder politische Gruppe unterdrückt werden darf, es sei denn, sie will diese Grundordnung ändern.

Wie die europäische Geschichte der letzten 40 Jahren zeigt, sind eine einseitige Abrüstung und wirtschaftliche Verbindungen nicht alleine der „Ausweg". Für Frieden bedarf es mehr. Auch Wortspiele führen nicht zum Frieden.

Die Gebete im Messbuch um Frieden zeigen, dass meist Gott der Geber von Frieden gilt. Dies ist eine kindliche Fehleinschätzung. Ein Ausweg aus dieser Fehleinschätzung ist ein Blick auf die Gottes-Ebenbildlichkeit von uns Menschen: Wir Menschen sind nicht in unserem Aussehen Gott ähnlich, sondern in unserem freien Willen. Wie Gott können wir grenzenlos Gutes und grenzenlos Schlechtes tun. Gott jedoch ist die Liebe. (1.Joh 4,16) Wahre Liebe kann nichts Schlechtes sein. Daher tut Gott nichts Schlechtes. Menschen haben aber diesen Grad der Heiligkeit noch nicht erreicht. Sie tun leider auch Schlechtes. Ihre Ungerechtigkeit ist der Nährboden für Unzufriedenheit und Krieg. Gott jedoch kann uns dazu befähigen, von unseren Lieblosigkeiten zu lassen und friedfertige Menschen zu sein, wenn wir ihn darum bitten. Daher:

Krieg bedeutet Tod und Zerstörung, Not und Vertreibung.
Wir Menschen sehnen uns nach Frieden, erleben aber Krieg.
Hilf uns, Wege zu einem dauerhaften Frieden zu gehen.

Gedenke der Völker, die von Krieg und Aufruhr heimgesucht sind,
und schenke ihnen Frieden. (342)

Gott schenkt keinen Frieden, denn sonst wäre Gott schuldig am Krieg. Krieg ist alleine von uns Menschen verursacht. Gott befähigt uns nur zum Frieden, wenn wir ihn darum bitten. Zum Frieden müssen beide (Kriegs)Parteien bereit sein. Einen einseitigen Frieden kann es nicht geben. Daher:

Gedenke der Völker, die von Krieg und Aufruhr heimgesucht sind,
und helfe ihnen zu einem dauerhaften Frieden.

Barmherziger und starker Gott,
in deiner Macht liegt es, Kriege abzuwenden
und den Übermut der Mächtigen zu brechen. (1086)

Es liegt nicht in Gottes Macht, Kriege abzuwenden. Dies würde bedeuten, dass Gott Einfluss auf Krieg und Frieden hat, dass Gott der Verursacher von Krieg ist. Dem ist jedoch nicht so. Daher:

Barmherziger und treuer Gott,
in unserer Macht liegt es, Kriege abzuwenden und zu beenden.
Hilf uns, Frieden zu schließen und Frieden zu halten.

Nimm die Not und das Leid des Krieges von uns
und laß uns erfahren,
daß wir in Wahrheit deine Kinder sind. (1086)

Gott ist nicht der Übervater, der in seiner Allmacht alles kann und uns Menschen wie kleine Kinder behandelt. Aus diesem Gebet spricht, dass wir Gott nur ernsthaft und innig genug bitten müssen, dann macht es Gott, dann schafft er auch Frieden. Wir Menschen säen die Saat zum Unfrieden. Wir Menschen führen Krieg. Daher können auch nur wir Menschen den Frieden schließen und Frieden halten. Gott kann uns dabei nur helfen. Daher:

Sieh auf die Not und das Leid der Kriege
und verhelfe uns zu der Einsicht,
dass wir alle in Wahrheit deine Kinder sind.

Behüte uns in allen Gefahren (des Krieges)
und schenke uns Frieden, (1086)

Gott ist nicht das Über-Ich, das uns Frieden nimmt oder Frieden schenkt. Frieden ist auch kein Geschenk. Gott ist vielmehr das Wesen, das uns die Grundlagen für Frieden anbietet. Wenn wir sie nutzen, haben wir Frieden. Daher:

Bewahre uns vor allen Grundlagen des Krieges
und helfe uns, Frieden zu schließen und Frieden zu halten.

Hilf uns,
die Schrecken des Krieges (dieser Zeit)
zu überstehen, und gib,
daß das Gesetz deiner Liebe und der Gerechtigkeit
von neuem herrsche. (1087)

Krieg ist schrecklich und grausam. Unter einem Krieg leidet das ganze Volk, Alte, Frauen und Kinder. Sie alle sind von Tod und Verstümmelung, aber auch von Hunger bedroht.

Hilf uns,
die Kriege rasch und dauerhaft zu beenden,
auf dass bald Gerechtigkeit und Frieden herrsche.

2.7.2 Frieden

Vorbildliche Texte

Es gibt im Messbuch vorbildliche Texte zum Frieden, die nicht aus dem Kind-Ich heraus formuliert sind. Dazu gehören diese Texte:

Durch die barmherzige Liebe unseres Gottes
wird uns besuchen das aufstrahlende Licht aus der Höhe,
um unsere Schritte zu lenken auf den Weg des Friedens. Lk 1, 78-79 (29)

Unsere Schritte auf den Weg des Friedens zu lenken, ist absolut stimmig und korrekt, solange wir dabei Gott nicht als Über-Ich und uns Menschen nicht als seine Marionetten ansehen.

Selig, die Frieden stiften;
denn sie werden Söhne Gottes genannt werden. Mi 5, 9 (235, 720, 824, 943, 1083,
1119, 1156)

In diesen Worten kommt deutlich zum Ausdruck, dass wir Menschen Frieden stiften müssen. Frieden ist kein Geschenk Gottes an uns. Wir Menschen müssen uns für Frieden einsetzen. Gott aber befähigt uns dazu. - Auch wenn es sich hierbei um ein Bibelzitat handelt, sollte es in eine geschlechtergerechte Sprache umgeschrieben werden:

Selig, die Frieden stiften;
denn sie werden Kinder Gottes genannt werden.

Du willst, daß wir in deinem Namen
Frieden bringen, wo Zwietracht herrscht, (310)

Hilf uns,
mit ihm dem Frieden und der Versöhnung zu dienen, (312)

Diese Gebete drücken den Sinn von Mt 5,9 aus. Derartige Gebete sollten öfter im Messbuch enthalten sein.

Gott, du liebst die Menschen,
die Frieden stiften und barmherzig sind. ...
Schenke auch uns Güte und Geduld
und mache uns zum Werkzeug deines Friedens. (642)

und mache uns bereit,
Frieden und Eintracht zu fördern. (704)

Auf ihre Fürbitte lehre auch uns,
Frieden zu stiften, (715)

und zu einem Mittler des Friedens gemacht. (789)

zu einer Botin des Friedens gemacht ...
für Versöhnung und Frieden
unter den Menschen zu wirken (808)

du hast die Heiligen N. und N.
zu Boten des Friedens gemacht (922)

mache ihr Haus zu einem Ort des Friedens (993)

und erfülle sie mit dem Geiste der Demut,
des Gehorsams und des Friedens. (997)

sende uns den Geist der Einsicht,
der Wahrheit und des Friedens. (1076)

Erfülle uns mit dem Geist deiner Liebe,
damit wir dem Frieden dienen, (1083)

und dazu befähige,
überall und immer deinem Frieden zu dienen. (1085)

Laß uns den Frieden erlangen,
den wir einander wünschen,
und den Frieden bewahren,
den wir empfangen haben. (1115)

Hilf uns, mit allen Menschen Frieden zu halten. (1119)

mache uns zu Menschen, die sich darum mühen,
mit allen in Frieden zu leben. (1119)

Veränderungswürdige Texte

Im Messbuch wird auch für den Frieden gebetet. Das ist gut so. Doch einige Formulierungen sollten verbessert werden, da sie aus dem Position des Kind-Ichs erfolgen, Krieg und Frieden jedoch in der alleinigen Verantwortung der Menschen liegen.

Es mache uns froh
und schenke uns den wahren Frieden. (31)

Frieden ist kein Geschenk. Damit schenkt uns Gott auch keinen Frieden. Er befähigt uns nur zum Frieden. Frieden müssen wir schließen und halten. Frieden müssen wir erarbeiten, daher „Friedensarbeit".

Es mache uns froh
und helfe uns, wahren Frieden zu bewahren.

Barmherziger Gott,
schenke uns Vergebung und Frieden (34)

Barmherziger Gott,
befähige uns zum Frieden (ohne gegenseitige Abschreckung).

Erhalte unsere Familien in deiner Gnade
und in deinem Frieden. (44)

Erhalte unsere Familien in deiner Gnade
und helfe uns, Frieden zu halten.

du schenkst uns den Frieden (48, 57, 64, 68, 236, 283)

du befähigst uns zum Frieden

uns aber hast du in deinem Sohn
die Fülle der Wahrheit und des Friedens geschenkt. (57, 67)

Wie kommt es dann, dass in den beiden Weltkriegen und zahlreichen anderen Kriegen Christen gegeneinander Krieg geführt haben?

uns aber hast du in deinem Sohn
Wege zum Frieden aufgezeigt.

und schenke uns Einheit und Frieden. (109)

und befähigst uns zur Einheit und Frieden.

Schenke deiner Kirche Frieden und Einheit, (26)

Helfe deine Kirche zu Einheit und Frieden.

und gib Frieden in unseren Tagen. (60)

und helfe uns, den Frieden zu erhalten.

und schenke unserer Zeit deinen Frieden. (211, 1083)

und stärke uns, den Frieden zu erhalten.

und schenke uns jenen Frieden, (240)

und lasse uns Friedensstifter sein,

schenke allen Völkern Einheit und Frieden, (261)

stehe uns bei in der Bemühung,
dass alle Völker in Einheit und Frieden miteinander leben können.

Gedenke der Völker, die von Krieg und Aufruhr heimgesucht sind,
und schenke ihnen Frieden. (342)

Gedenke der Völker, die von Krieg und Aufruhr heimgesucht sind,
und verhelfe ihnen zu einem dauerhaften Frieden.

und schenke uns
den Segen eines beständigen Friedens. (667)

und verhelfe uns
zu einem beständigen Frieden.

das Geburtsfest seiner allzeit jungfräulichen Mutter
festige und mehre den Frieden auf Erden. (767)

das Geburtsfest seiner allzeit jungfräulichen Mutter
mehre unsere Bemühungen um Frieden auf Erden.

und von dir Heil und Frieden empfangen. (791)

mehre unsere Friedfertigkeiten.

und schenke ihr allzeit deinen Frieden. (820)

und befähige uns zu einem dauerhaften Frieden.

und schenke ihr Einheit und Frieden. (838)

und helfe uns in unseren Friedensbemühungen.

Schenke deinen Gläubigen in diesem Opfer
Frieden und Einheit. (942)

Stärke deine Gläubigen durch dieses Erinnerungsmahl
in ihren Bemühungen um Einheit und Frieden.

und schenke uns in deiner Kirche
Einheit und Frieden (1063)

und lasse uns unermüdlich an Frieden und Einheit bauen.

schenke uns dein Erbarmen und deinen Frieden (1076)

mache uns bereit, Frieden zu schließen und Frieden zu halten.

und schenke uns allezeit Glück und Frieden. (1078)

und verhelfe uns zu dauerhaftem Glück und Frieden.

Laß auf der ganzen Welt
Frieden und Sicherheit herrschen, (1079)

Stehe uns bei, in unseren Bemühungen um einen weltweiten Frieden.

Schließe die Menschen,
die durch gemeinsamen Ursprung verbunden sind,
in Frieden zu einer Familie zusammen (1082)

Lasse die ganze Menschheit,
die in dir ihren Ursprung hat,
als eine Familie in Frieden zusammenleben.

Allmächtiger Gott,
du Urheber und Freund des Friedens, (1086)

Wenn Gott der Urheber des Friedens wäre, dann müsste er ja auch der
Urheber des Krieges sein. Dem ist jedoch nicht so. Daher:

Allmächtiger Gott,
du Freund des Friedens,

Gedenke, Herr, daß dein Sohn unser Friede ist
und daß er durch sein Blut
allen Haß ausgelöscht hat. (1086)

Wenn das Blut Jesu den „Hass ausgelöscht hat", warum gibt es dann immer noch Hass in der Welt? Diese Aussage ist somit ein frommes Wunschdenken, hat jedoch nichts mit der Realität zu tun.

Gedenke, Herr, dass dein Sohn unser Friede ist.
Hilf uns, diesen Frieden auf Erden zu verwirklichen.

Darum schenke ihnen wieder Frieden und Sicherheit (1087)

Lege Gedanken des Friedens in unser Denken.

und schenke uns deinen Frieden. (1112)

und lasse uns Mittler des Friedens sein.

Auch wenn sich einige Formulierungen im Messbuch ähneln, so wurden sie hier dennoch genannt, um die Bandbreite der alternativen Formulierungen aufzeigen zu können. Mögen sie Hilfestellung und Orientierung für das neue Messbuch sein.

Es ist auffallend, dass ab den Gedenktagen der Heiligen (ab Seite 604), sich die vorbildlichen Formulierungen mehren und die aus dem Kind-Ich verfassten Formulierungen abnehmen. Der Grund dafür ist unklar.

Gebete in jeder Messe

Es gibt Gebete, die in jeder Eucharistie gebetet oder gesungen werden. Daher verdienen sie besondere Beachtung.

Herr Jesus Christus,
schau nicht auf unsere Sünden,
sondern auf den Glauben deiner Kirche
und schenke ihr nach deinem Willen
Einheit und Frieden. (517, 518)

Dieses Friedensgebet betont die Sündhaftigkeit der Gläubigen und spricht aus dem Kind-Ich heraus über den Frieden. Da es sich um ein Gebet handelt, das in jeder Eucharistiefeier gebetet wird, sollte diesem Text besondere Aufmerksamkeit geschenkt werden. Eine mögliche Neufassung könnte sein:

Herr Jesus Christus,
schau nicht auf unsere Fehler und Schwächen,
sondern auf unseren Glauben
und helfe uns, (nach deinem Willen)
an Einheit und Frieden mitzubauen.

Lamm Gottes,
du nimmst hinweg die Sünde der Welt:
gib uns deinen Frieden. (519)

Frieden besitzt einen dreifachen Bezug: Frieden mit Gott, Frieden mit sich selbst und Frieden mit den anderen Menschen. Nur so können wir rundherum zu"frieden" sein. Somit enthält der Friede Gottes auch immer den Frieden zu den Mitmenschen.

Lamm Gottes,
du nimmst hinweg die Sünde der Welt:
mache uns zu einem Werkzeug deines Friedens.

Weiteres zum Frieden

Darüber hinaus sollte Gott nicht als „Friedensfürst" (39, 50, 517) bezeichnet werden, denn damit nehmen wir Menschen die Position des Kind-Ich ein und schreiben Gott die Rolle des Über-Ichs zu.

Es ist schwierig, satt „Friedensfürst" für Gott einen Friedens-Titel zu finden, der nicht die Gefahr des Über-Ichs beinhaltet.

Herr, gib Frieden denen, die auf dich hoffen, ... Vgl. Sir 36, 18.21-22 (237)

Es sollte grundsätzlich geprüft werden, ob solche Bibelstellen, die uns Menschen in das Kind-Ich und Gott in das Über-Ich stellen, weiterhin im Messbuch erhalten bleiben. Es spricht Vieles dafür, diese aus dem Messbuch zu entfernen.

Von Liebe abgeleitete Aussagen über den Frieden

Im Messbuch gibt es zahlreiche Gebete, in denen es um die Liebe der Menschen geht. Von diesen Gebeten inspiriert, wurden die nachfolgenden Texte kreiert bzw. umgeschrieben. Dabei wurde immer wieder der enge Zusammenhang zwischen Gerechtigkeit und Frieden hervorgehoben, denn ohne Gerechtigkeit kann es keinen dauerhaften Frieden geben.

- lasse uns durch Taten des Friedens auf seine Ankunft vorbereiten.
- lasse uns unseren Glauben in tätigem Frieden bekennen.
- lasse uns in dauerhaften Frieden miteinander verbunden bleiben.
- lasse uns Taten der Gerechtigkeit und des Friedens vollbringen.
- damit Gerechtigkeit und Frieden unter uns wachse.
- und dich in Werken des Friedens verherrlichen.
- lasse uns durch Werke des Friedens Vergebung erlangen.
- lasse uns eifrig für Gerechtigkeit und Frieden wirken.
- lasse uns unseren Glauben durch Friedfertigkeit bezeugen.
- daß sie wachse in Gerechtigkeit und Friedfertigkeit.
- Schenke uns den Geist der Gerechtigkeit und des Friedens.
- lasse unsere Erlösung in tätigen Werken des Friedens sichtbar werden.
- hilf uns, dass wir deinen Frieden ins Leben bringen.
- hilf uns, dass wir durch Taten des Friedens Christus nachfolgen.
- und mehre durch diese Feier unsere Friedfertigkeit.
- Mach uns stark in unseren Friedensbemühungen.
- Laß uns durch diese Gaben im Frieden wachsen.
- Mehre in uns den Willen zur Gerechtigkeit und zum Frieden.
- Festige uns im Erhalt des Friedens.
- Mache uns empfänglich für dein Wort
  und eifrig in Werken des Friedens.

- Verhelfe der Menschheit zu einem dauerhaften globalen Frieden.

- damit Gerechtigkeit und Frieden in uns wachsen.

- und mehre durch diese Feier unsere Friedfertigkeit.

- Lehre uns, dass Frieden ein großer Reichtum ist.

- Lasse uns einig nach Gerechtigkeit und Frieden streben.

- Gib, dass wir selber Boten seines Friedens werden.

- Erfülle uns alle zu großem Engagement für den Frieden.

- Helfe uns, unseren Glauben in Werken des Friedens zu bezeugen.

- und Frucht bringen in Werken des Friedens.

- Gib, dass auch wir im Frieden fest verwurzelt seien.

- damit wir Gerechtigkeit und Frieden bewahren.

- Lasse uns Gerechtigkeit und Frieden niemals gering schätzen.

Worte zum Frieden mit Zitaten aus heiligen Schriften, aus Sprichwörtern und verschiedenen Personen sind auf dieser Internetseite zu finden:

https://www.schaefer-sac.de/wiki/index.php?title=Worte_des_Friedens

2.7.3 Gerechtigkeit

Gerechtigkeit ist ein Grundpfeiler des Friedens. Ohne Gerechtigkeit kann es keinen dauerhaften Frieden geben. Daher werden im Zusammenhang von Krieg und Frieden im Messbuch die Texte zur Gerechtigkeit unter die Lupe genommen.

Vorbildliche Texte

Hilf uns, daß wir auf dem Weg der Gerechtigkeit (3)

Laß uns die Gewohnheiten des alten Menschen ablegen
und neu werden in Heiligkeit und Gerechtigkeit. (123, 200, 281)

stärke alle, die sich um die Gerechtigkeit mühen, (211)

und in Heiligkeit und Gerechtigkeit
vor dir zu leben. (638)

Auf seine Fürbitte hin gib uns den Mut,
für Gerechtigkeit und Wahrheit einzutreten. (673)

Gib, daß auch wir aus diesem Glauben leben
und so die wahre Gerechtigkeit erlangen. (704)

so daß er sein Leben
für Recht und Gerechtigkeit hingab. (875)

Laß Eintracht und Gerechtigkeit
in unserem Lande herrschen (1078)

Gib, daß die Menschen einander achten und lieben
und dem Verlangen ihrer Brüder
nach Gerechtigkeit und Fortschritt entgegenkommen. (1080)

Laß uns alle Trennung nach Rasse,
Volk und Stand überwinden,
damit in der menschlichen Gesellschaft
Recht und Gerechtigkeit herrschen. (1080)

Gib uns die Bereitschaft, immer und überall
für die Gerechtigkeit einzutreten, (1082)

Hilf uns,
die Schrecken des Krieges (dieser Zeit)
zu überstehen, und gib,
daß das Gesetz deiner Liebe und der Gerechtigkeit
von neuem herrsche. (1087)

Laß auch die Früchte deiner Gnade in uns reifen:
die Gerechtigkeit und die Liebe. (1094)

Wir beten zum Herrn der ganzen Welt für die Lenker
der Staaten um den Geist der Gerechtigkeit und den
Frieden, um Weisheit und Tatkraft. (1214)

Veränderungswürdige Texte

Wir bauen nicht auf die Werke eigener Gerechtigkeit,
sondern hoffen auf sein Erbarmen und bitten ihn,
unseren Herrn und Gott: (1217)

Wir vertrauen auf deinen Beistand
um Gerechtigkeit für alle Menschen.
So bitten wir unseren Herrn und Gott:

Fazit

Bei Texten zur Gerechtigkeit gibt es im Messbuch nur eine Textstelle, die verändert werden sollte. Alle anderen Texte zur Gerechtigkeit können im neuen Messbuch beibehalten werden.

Es stimmt nachdenklich, dass zum Frieden so viele Texte aus dem Kind-Ich heraus verfasst sind und daher im neuen Messbuch verändert werden sollten. Bei der Gerechtigkeit ist dies anders.

2.8 Weitere Themen

2.8.1 Mahl und Opfer

A.1 = gesamtes Messbuch

A.2 = Messbuch ohne Einführung

Die Unterscheidung „gesamtes Messbuch" und „Messbuch ohne Einführung" wurde vorgenommen, weil es bei einigen Begriffen deutliche Abweichungen gab, vor allem bei den Wortverbindungen mit „Mahl".

In der weiteren Beschreibung wird nur auf den Teil des Messbuches ohne Einführung eingegangen, weil dort die Gebete sind.

Mahl

„Abendmahl" kommt 15 Mal vor, 11 Mal im Zusammenhang mit der Gründonnerstags-Liturgie, je einmal in der Beschreibung der „Präfation von der heiligen Eucharistie" I und II, einmal in deren Präfation und einmal im Eröffnungsvers des Evangelisten Johannes.

„Festmahl" kommt 7 Mal vor. Der hl. Josef (647, 1147) wird zweimal zum „Festmahl deines Herrn" eingeladen. An Ostern ist die Gemeinde zweimal (107, 111) zum Festmahl „in Freude" eingeladen. Gott lädt uns zum Festmahl seiner Liebe (104) und zum Festmahl des Lammes (702) ein. Die Gemeinde feiert ein „heiliges Festmahl" (1002).

„Gastmahl" kommt 12 Mal vor, 6 Mal als himmlisches Gastmahl, 5 Mal als ewiges Gastmahl und am Gründonnerstag das „Gastmahl seiner Liebe". (23)

Begriff	A.1	A.2
Mahl...	174	61
Abendmahl	21	15
Festmahl	7	7
Gastmahl	12	12
Herrenmahl	4	-
Hochzeitsmahl	6	6
Paschamahl	1	-
heilige Mahl	16	16
heiligen Mahl	27	27
heiliges Mahl	1	1
Opfer...	440	397
Opfercharakter	2	-
Opferfeier	17	16
Opfergabe	36	32
Opferlamm	4	3
Opfermahl	4	4
heilige Opfer	31	31
heiligen Opfer	27	26
heiliges Opfer	-	-
heilbringende O.	3	3
makellose Opfer	5	2
makelloses Opfer	2	2
Erlösungsopfer	1	1
Ganzopfer	1	1
Kreuzesopfer	5	1
Lebensopfer	3	3
Meßopfer	1	1

Tab. 4 Mahl und Opfer

„Hochzeitsmahl" kommt 6 Mal vor, 2 Mal als „Hochzeitsmahl des Lammes" (521, 938), je einmal als „Hochzeitsmahl des ewigen Lebens" (13), zum „ewigen Hochzeitsmahl" (861), zum Hochzeitsmahl in Gottes Reich (998) und zum Hochzeitsmahl Gottes Sohnes (1173).

„heilige Mahl" kommt 16 Mal vor, 6 Mal, das „uns schwachen Menschen zu Hilfe" komme, 3 Mal als Zeichen, dass die Gläubigen eins sind, je einmal soll es uns von Schuld befreien (98), zum „Mahl der Vollendung" führen (348), was wir hierfür bereitet haben (349), es bezeichnet Gottes Heilswerk (764), es schenkt Fülle der Gnaden Gottes (1040) und ist Zeichen der „brüderlicher Verbundenheit" (1075).

„heiligen Mahl" kommt 27 Mal vor, 8 Mal erfüllt uns Gott damit mit seinem Geist, Gott gab uns Anteil daran (87, 13), hat uns damit gestärkt (11, 921, 1040, 1150), gesättigt (202, 839), schenkt uns Anteil an Jesu Leben (232), hat uns dazu eingeladen (756, 1063), uns mit sich darin beschenkt (536), wir haben darin Jesus empfangen (529, 713)), wir durften daran teilnehmen (694, 934), seine Kraft helfe uns (966). - Die Worte „laß uns im heiligen Mahl das Geheimnis deines ewigen Wortes erfassen" (872) mögen theologisch korrekt sein, doch welcher Laie versteht heute diese Aussage?

dein heiliges Mahl schenke uns den Geist der Stärke und des Friedens

Dies sind hingegen Worte, die auch heute von Laien verstanden werden.

Eucharistiefeier als Opfermahl?

Die Eucharistiefeier geht auf das Letzte Abendmahl zurück, das Jesus mit seinen Jüngern vor dem Tag der Ungesäuerten Brote (Passahmahl) feierte. Dabei sagte Jesus, „Tut dies zu meinem Gedächtnis." (Lk 22,19) Auffallend ist, dass bei Matthäus und Markus dieser Hinweis fehlt. Damit gehört dieser Satz zum Sondergut des Lukas.

Den ältesten erhaltenen Text zum Letzten Abendmahl schrieb Paulus. Er schrieb in seinem Brief an die Korinther:

Denn ich habe vom Herrn empfangen, was ich euch dann überliefert habe: Jesus, der Herr, nahm in der Nacht, in der er ausgeliefert wurde, Brot, sprach das Dankgebet, brach das Brot und sagte: Das ist mein Leib für euch. Tut dies zu meinem Gedächtnis! Ebenso nahm er nach dem Mahl den Kelch und sagte: Dieser Kelch ist der neue Bund in meinem Blut. Tut dies, sooft ihr daraus trinkt, zu meinem

Gedächtnis! Denn sooft ihr von diesem Brot esst und aus dem Kelch trinkt, verkündet ihr den Tod des Herrn, bis er kommt. (1. Kor 11,23-26)

Damit ist die Eucharistiefeier bezüglich des ältesten erhaltenen Textes ein Erinnerungsmahl, ein Gedächtnismahl. So hat es Lukas in sein Sondergut übernommen.

Der Charakter des Opfermahls kann von diesen Stellen der Evangelisten abgeleitet werden:

das ist mein Blut des Bundes, das für viele vergossen wird zur Vergebung der Sünden. (Mt 26,28)

und

Und er sagte zu ihnen: Das ist mein Blut des Bundes, das für viele vergossen wird. (Mk 14,23)

Im Johannesevangelium ist kein derartiger Hinweis zu finden. Bei Matthäus ist klar die Vergebung der Sünden genannt, bei Markus nur allgemein das Vergießen des Blutes.

Die Opfertheologie hat Paulus entwickelt:

führt euer Leben in Liebe, wie auch Christus uns geliebt und sich für uns hingegeben hat als Gabe und Opfer, das Gott gefällt! (Eph 3,2)

Christus ist für unsere Sünden gestorben, / gemäß der Schrift, (1.Kor 15,39

der sich für unsere Sünden hingegeben hat, um uns aus der gegenwärtigen bösen Welt zu befreien, nach dem Willen unseres Gottes und Vaters. (Gal 1,4)

Sehr stark ist der Opfergedanke im Hebräerbrief enthalten:

um wie viel mehr wird das Blut Christi, der sich selbst als makelloses Opfer kraft des ewigen Geistes Gott dargebracht hat, unser Gewissen von toten Werken reinigen, damit wir dem lebendigen Gott dienen. (Hebr 9,14)

Jetzt aber ist er am Ende der Zeiten ein einziges Mal erschienen, um durch sein Opfer die Sünde zu tilgen. (Hebr 9,26)

Dieser aber hat nur ein einziges Opfer für die Sünden dargebracht und sich dann für immer zur Rechten Gottes gesetzt (Hebr 10,12)

Denn durch ein einziges Opfer hat er die, die geheiligt werden, für immer zur

Vollendung geführt. (Hebr 10,14)

Durch ihn also lasst uns Gott allezeit das Opfer des Lobes darbringen, nämlich die Frucht der Lippen, die seinen Namen bekennen. (Hebr 13,15)

An dieser Stelle gilt es, festzuhalten, dass die Eucharistiefeier zunächst ein Erinnerungsmahl war und sich erst später zum Opfermahl entwickelt hat.

Opfer Jesu – Opfer der Gläubigen

Bisher wurde das Opfer Jesu Christi durch seinen Kreuzestod betrachtet. Doch im Messbuch gibt es auch Stellen, die von den Opfern der Gläubigen sprechen:

„Lebensopfer" kommt 3 Mal vor. Einmal hat Gott das Lebensopfer des hl. Meinrad (611) und des hl. Ignatius von Antiochien (814) sowie allgemein von Jungfrauen (913) angenommen. - Warum nicht von allen Märtyrern und allen Ordensleuten?

zu Beginn der heiligen vierzig Tage
bringen wir dieses Opfer dar und bitten dich: (80)

Nimm an, o Herr,
das Opfer des Lobes und der Versöhnung. (81, 222, 1166)

für sie bringen wir dieses Opfer des Lobes dar, (27, 463)

Nimm das Opfer an,
das dir im Heiligen Geist dargebracht wird, (153, 161, 170, 178, 191, 198, 229, 268, 293, 301, 1113)

nimm die Gebete und Opfergaben
deiner Gläubigen an. (193, 195, 242)

nimm das Opfer des Lobes
und der Versöhnung an. (222)

nimm unsere Opfergaben gnädig an (14, 246, 903)

Laß unser Opfer dir wohlgefallen (257)

Nimm gnädig an, o Gott,
dieses Opfer deiner Diener, (471)

das Opfer, das wir darbringen, (614)

bringen wir das Opfer des Lobes dar. (661, 678, ,748, 847, 916)

nimm die Opfergabe an, die wir
am Gedenktag der heiligen Katharina darbringen. (664)

nimm zu deinem Lob das Opfer an, das wir
am Gedenktag des heiligen Irenäus dir weihen. (704)

nimm unser Opfer gnädig an (728)

wir haben das Opfer des Lobes dargebracht (733, 882, 1199)

unser Gebet und unser Opfer steige zu dir empor. (749)

feiern wir das Opfer des Lobes. (759, 775, 943)

nimm mit dem Opfer des Lobes uns alle an. (770, 931)

wir bringen unsere Gaben dar
für das Opfer des Lobes. (794, 1146)

wir haben das Opfer dargebracht, (830, 1175)

haben wir das Opfer des Lobes dargebracht. (882)

wie du das Opfer ihres Lebens angenommen hast. (897)

nimm unsere Opfergaben gnädig an. (903)

bringen wir das Opfer des Lobes (661, 748, 847, 911, 916, 1054)

und mache uns zu einem Opfer, das dir wohlgefällt. (807, 913)

Nimm das Opfer an zu deiner größeren Ehre (945)

auch die Neugetauften als wohlgefälliges Opfer an. (965)

Nimm an das Opfer eines Lebens
in Armut, Keuschheit und Gehorsam, (1016)

durch die Opfergaben, die wir dir darbringen, (1058)

das Opfer des Lobes darbringen. (1103)

Nimm unser Opfer entgegen (1110)

Wir bringen dieses Opfer des Lobes dar (1111)

für die wir das Opfer des Lobes feiern. (1117)

wir bringen das Opfer dar (1169, 1193))

Dieser Opfertheologie entgegenstehend, gibt es im Messbuch auch diese Stellen:

Barmherzigkeit will ich und nicht Opfer, ... Mt 9,13 (81)

Gott lieben aus ganzem Herzen und den Nächsten wie sich selbst:
das ist mehr als alle Opfer. Vgl. Mk 12, 33 (113)

Daneben gibt es weitere Worte Jesu mit gleichem Inhalt:

Wenn ihr begriffen hättet, was das heißt: Barmherzigkeit will ich, nicht Opfer, dann hättet ihr nicht Unschuldige verurteilt; (Mt 12,7)

Dabei hat Jesus auf älteres Gedankengut zurückgegriffen:

Hat der HERR an Brandopfern und Schlachtopfern das gleiche Gefallen / wie am Gehorsam gegenüber der Stimme des HERRN? Wahrhaftig, Gehorsam ist besser als Opfer, / Hinhören besser als das Fett von Widdern. (1.Sam 15,22)

In die gleiche Richtung gehen diese Worte Jesu:

Wenn du deine Opfergabe zum Altar bringst und dir dabei einfällt, dass dein Bruder etwas gegen dich hat, so lass deine Gabe dort vor dem Altar liegen; geh und versöhne dich zuerst mit deinem Bruder, dann komm und opfere deine Gabe! (Mt 5,23f)

Über die Herkunft des Wortes „Opfer" heißt es im „Kluge", dem etymologischen Wörterbuch, dass etwas dargebracht wird, dass „Almosen gegeben" wird, aber auch dass etwas erarbeitet wird.[30] Im Zusammenhang mit „Almosen" kommt die Bedürftigkeit des Empfängers zum Ausdruck. Auf diesem Hintergrund stellt sich die Frage, ob Gott bedürftig ist, dass er unser Opfer benötigt?

In der „Arbeit" steckt die Mühe, die die Arbeit macht. Auf diesem Hintergrund stellt sich die Frage, welche Mühe macht es, Gott zu loben, was mindestens 14 Mal im Messbuch genannt ist.

Auf dem Hintergrund, dass wir Gott lieben sollen (Dtn 6,5; 11,1; Mt 22,37; Mk 12,30; Lk 10,27, Röm 8,28; Jak 1,12; 1.Joh 5,2) stellt sich die Frage, ob es nicht angebrachter wäre, von einer „Liebesgabe" zu sprechen. Damit würde nicht der Beigeschmack der Bedürftigkeit Gottes aufkommen, sehr wohl aber die liebevolle Beziehung von uns Menschen zu Gott. Zudem, „Opfer" kann man

---

30 https://www.degruyterbrill.com/database/KLUGE/entry/kluge.7931/html

einfordern, „Liebe" hingegen nicht. Dabei soll es in der Gottesbeziehung um eine liebevolle Beziehung gehen.

Fazit

Es ist daher angebracht, dass im neuen Messbuch nur dann vom „Opfer" gesprochen wird, wenn es um den Kreuzestod Jesu geht. Das Opfer von uns Menschen sollte im neuen Messbuch nicht mehr vorkommen, hat es doch auch einen Beigeschmack von „Menschenopfer". Statt dessen soll von einer „Liebesgabe" gesprochen werden.

Der Begriff „Opferfeier" – wir feiern den Opfertod Jesu am Kreuz – sollte gestrichen werden oder zumindest sehr sparsam verwendet werden. Statt dessen bietet sich „Gedächtnisfeier" und „Erinnerungsfeier" an. Darin kommen die Worte Jesu beim Letzten Abendmahl zur Geltung. Jesus sprach dabei nicht von Opfern, sondern von Erinnern.

2.8.2 Eröffnung der Messe

In der allgemeinen Einführung zum Messbuch heißt es: „Die Teile vor dem Wortgottesdienst, nämlich Einzug, Begrüßung, Allgemeines Schuldbekenntnis, Kyrie, Gloria und Tagesgebet dienen als Anfang, Einführung und Vorbereitung der ganzen Feier."

Allgemeines Schuldbekenntnis

Es stellt sich die Frage, ob es Sinn macht, in jeder heiligen Messe und in jeder Sonntagsmesse nach der Begrüßung ein allgemeines Schuldbekenntnis zu sprechen. Wird damit nicht ein unnötig großer Wert auf Schuld gelegt? So erfolgt im Gotteslob eine Überbewertung des Bußsakraments, was von vielen Gläubigen als unangenehm empfunden wird:

Sakrament	Seiten		Sakrament	Seiten
Taufe	9		Ehesakrament	4
Firmung	5		Weihesakrament	2
Bußsakrament	25		Krankensalbung	2
Eucharistie	33		Sterben	3
Wegzehrung	1		Aussegnung	-

Tab. 5 Anzahl der Seiten im Gotteslob für die verschiedenen Sakramente

Wünschenswert wäre, wenn das allgemeine Schuldbekenntnis nicht in jeder heiligen Messe und auch nicht in jeder Sonntagsmesse gebetet werden muss. Gibt es doch die Möglichkeit, das allgemeine Schuldbekenntnis und die Kyrierufe zusammenzufassen.

Kyrie

Im Kyrie wird Gott um sein Erbarmen angerufen. In der im Messbuch angegebenen Form lautet es: „Kyrie, eleison. Christe, eleison. Kyrie, eleison." oder „Herr, erbarme dich. Christus, erbarme dich. Herr, erbarme dich." Zu was Gott sich unser erbarmen soll, ist im Messbuch nicht genannt.

Es ist nicht davon auszugehen, dass die Gläubigen dabei an etwas Konkretes denken. Es ist eher so, dass die Gemeinde in einem gewohnten Automatismus das Kyrie betet oder singt, ohne dabei an etwas Konkretes zu denken.

Eine gerne von mir benutzte Formel ist:

Dass sie hier sind, das sehe ich. Was sie aus dem Alltag mitbringen, das sieht Gott. Bringen wir zu Beginn dieses Gottesdienstes das vor Gott, was uns am Feiern dieses Gottesdienstes hindert, vor Gott und rufen ihn um sein Erbarmen an. Herr, erbarme dich. .... Der barmherzige Gott erbarme sich unser und lasse uns mit frohem Sinn diesen Gottesdienst feiern. Darum bitten wir durch Christus unseren Herrn. Amen.

Die Heiligkeit in den Blick nehmend:

Gottes Kirche ist nicht nur eine Gemeinschaft von Heiligen, sondern auch eine Gemeinschaft von Sündern. Bringen wir zu Beginn dieses Gottesdienstes alles Unheilige an uns vor Gott und rufen wir ihn um sein Erbarmen an. Herr, erbarme dich. .... Der barmherzige Gott erbarme sich unser. Er nehme all unsere Unheiligkeit von uns und führe uns zum ewigen Leben. Amen.

Die Liebe in den Blick nehmend:

Gott ist die Liebe. Und wer in der Liebe bleibt, der bleibt in Gott und Gott in ihm. Doch manchmal sind wir lieblos. Bringen wir zu Beginn dieses Gottesdienstes alle unsere Lieblosigkeit vor Gott und bitten wir ihn, dass er uns diese nehmen möge. Herr, erbarme dich. ... Der barmherzige Gott erbarme sich unser. Er nehme all unsere Lieblosigkeit von uns und führe uns zum ewigen Leben. Amen.

Das Leid der Menschen in den Blick nehmend:

Unser Leben ist gefüllt von Freud und Leid. Bringen wir zu Beginn des Gottesdienstes alle Ängste und Sorgen, alles, was uns das Leben schwer macht, hier vor Gott und rufen ihn um sein Erbarmen an. Herr, erbarme dich. ... Der barmherzige Gott erbarme sich unser. Er nehme alles Schwere und Bedrückende unseres Lebens von uns und führe uns zum ewigen Leben. Amen.

Schuld und Sünde kann uns am Feiern des Gottesdienstes hindern, Unheiligkeit und Lieblosigkeit sowieso. Schuld und Sünde kann das Leben der Menschen schwer belasten. Somit steckt in allen diesen Formulierungen auch ein Schuldbekenntnis. Es ist jedoch in der 1. und 4. Form breiter aufgestellt. Jeder kann somit seine ganz persönliche Situation vor Gott bringen und im Kyrie um sein Erbarmen anrufen. Damit weiß der Mitfeiernde, worum er ganz konkret Gott um sein Erbarmen anruft.

2.8.3 Personenkreis im Hochgebet

Im Hochgebet wird für die Leiter und Diener der Kirche gebetet. So heißt es im Ersten Hochgebet:

Wir bringen sie dar
vor allem für deine heilige katholische Kirche
in Gemeinschaft mit deinem Diener,
unserem Papst N.,
mit unserem Bischof N.*
und mit allen, die Sorge tragen
für den rechten,
katholischen und apostolischen Glauben.
Schenke deiner Kirche Frieden und Einheit,
behüte und leite sie auf der ganzen Erde. (462)

Im Zweiten Hochgebet heißt es:

Gedenke deiner Kirche auf der ganzen Erde
und vollende dein Volk in der Liebe,
vereint mit unserem Papst N.,
unserem Bischof N.* und allen Bischöfen,
unseren Priestern und Diakonen
und mit allen,
die zum Dienst in der Kirche bestellt sind. (486)

Im Dritten Hochgebet heißt es:

Beschütze deine Kirche
auf ihrem Weg durch die Zeit
und stärke sie im Glauben und in der Liebe:
deinen Diener, unseren Papst N,
unseren Bischof N.*
und die Gemeinschaft der Bischöfe,
unsere Priester und Diakone,
alle, die zum Dienst in der Kirche bestellt sind,
und das ganze Volk deiner Erlösten. (497)

Im Vierten Hochgebet heißt es:

Wir bitten dich für unseren Papst N.,
unseren Bischof N.*
und die Gemeinschaft der Bischöfe,
für unsere Priester und Diakone
und für alle,
die zum Dienst in der Kirche bestellt sind,
für alle, die ihre Gaben spenden,
für die hier versammelte Gemeinde,
für dein ganzes Volk
und für alle Menschen,
die mit lauterem Herzen dich suchen. (508f)

Zusammenfassend wird somit in den vier Hochgebeten für diese Personen gebetet:

Person(en)	1. HG	2. HG	3. HG	4. HG
Papst	ja	ja	ja	ja
unseren Bischof	ja	ja		ja
alle Bischöfe		ja	ja	ja
alle Sorge-tragenden	ja			
Priester		ja	ja	ja
Diakone		ja	ja	ja
Diener der Kirche		ja		ja
„Volk der Erlösten"			ja	
„die ihre Gaben spenden"				ja
„die hier versammelte Gemeinde"				ja
„für dein ganzes Volk"				ja
für alle Gott-suchenden				ja

Tab. 6 In den Hochgebeten genannte Personenkreise

Durch diese Übersicht in der Tabelle wird deutlich, dass das 1. Hochgebet den kleinsten und das 4. Hochgebet den größten Personenkreis besitzt. Während das 1. Hochgebet nur den Papst, den Diözesanbischof und alle Sorge-tragenden nennt, kommen in den übrigen Hochgebete noch „alle Bischöfe" bzw. „die Gemeinschaft der Bischöfe" mit hinzu.

Im 2., 3, und 4. Hochgebet kommen übereinstimmend noch die Priester und Diakone hinzu. Beim allgemeinen Kirchenvolk gibt es unterschiedliche Ausdrucksweisen.

Im 4. Hochgebet fällt auf, dass nur für die Gläubigen gebetet wird, die etwas spenden. Dabei entsteht der Eindruck, dass die Spende durch das Fürbittgebet sozusagen erkauft wird. Daher sollte dies dem 2. und 3. Hochgebet sprachlich angepasst werden.

Es gilt noch darauf hinzuweisen, dass – wohl in Anlehnung zum Dekret „Nostra aetate" des Zweiten Vatikanischen Konzils – im 4. Hochgebet „für alle Menschen, die mit lauterem Herzen dich suchen", gebetet wird. Es ist wünschenswert, dass im Geist des Vatikanums II auch in den Hochgebeten 2 und 3 alle Gottgläubigen genannt werden.

Verwunderlich ist es jedoch, dass die Ordensleute in diesen Listen kein einziges Mal genannt werden. Dabei wurde im Zweiten Vatikanischen Konzil mit dem Dekret „Perfectae caritatis" das Ordensleben sozusagen geadelt und ihre Arbeit wertgeschätzt. In der Redaktion zum Messbuch scheint jedoch kein Ordensmann und keine Ordensfrau gesessen zu haben. Anders ist dieses Versäumnis nicht zu erklären.

Ende 2024 gab es in Deutschland 3.161 Ordensmänner in 369 Niederlassungen[31] und 9.467 Ordensfrauen in 883 Niederlassungen.[32] Zusammen waren dies 12.628 Ordensleute. Dem standen im Jahr 2022 in Deutschland 11.987 Priester gegenüber, davon 6.069 Priester in der Pfarrseelsorge.[33] Dass eine solch große Anzahl Menschen, die auch ihr Leben Gott geweiht haben, im Hochgebet bisher unerwähnt blieb, gehört schnellstens geändert. Dies könnte in dieser Weise geschehen:

für unsere Priester, Diakone und Ordensleute

Doppelungen, wie sie im 4. Hochgebet vorkommen, sollten vermieden werden: Alle Gottsuchenden bezeichnen auch „für dein ganzes Volk" sowie auch „die hier versammelte Gemeinde" und „die ihre Gaben spenden". Hier sollte eine allumfassende Formulierung verwendet werden. Es stünde gut an, diese auch im 2. und 3. Hochgebet einzuführen.

---

31 https://www.orden.de/presseraum/zahlen-fakten/statistik-maennerorden
32 https://www.orden.de/presseraum/zahlen-fakten/statistik-frauenorden
33 https://www.dbk.de/presse/aktuelles/meldung/kirchenstatistik-2022

2.8.4 „Herr, ich bin nicht würdig"

Aktueller Text

Der Satz „Herr, ich bin nicht würdig" kommt im Messbuch 6 Mal vor. Es wird bei jeder heiligen Messe vor dem Kommunionempfang von der ganzen Gemeinde gebetet.

Dieser Satz ist niederdrückend und demoralisierend. Als Bibelwort steht es bei Joh 1,27. Dort sagt Johannes der Täufer über Jesus: „Ich bin nicht würdig, ihm die Riemen der Sandalen zu lösen."

Der gesamte, vom Kirchenvolk gebetete Text lautet: „Herr, ich bin nicht würdig, daß du eingehst unter mein Dach, aber sprich nur ein Wort, so wird meine Seele gesund." Damit besteht ein Bezug zu den Worten des römischen Hauptmanns, der in Mt 8,8 zu Jesus sagte: „Herr, ich bin es nicht wert, dass du unter mein Dach einkehrst; aber sprich nur ein Wort, dann wird mein Diener gesund!"

Ob nun „nicht würdig" – und somit „unwürdig" – oder „nicht wert" – und somit „unwert" gebetet wird – es sind Worte, die keinesfalls aufbauend sind. Da hilft es nicht, wenn der Priester an 10 Stellen davon spricht, dass wir „Kinder Gottes" sind. Es sind vom Priester gebetete Worte. Auch wenn wir daraufhin das „Vater-unser" beten, so wirkt die Unwürdigkeit nach, weil es nach dem Vater-unser-Gebet folgt.[34]

Zu bedenken ist hierbei, dass auch leidgeplagte Menschen, sowie Menschen mit geringem oder zerstörtem Selbstwertgefühl in die Gottesdienste kommen. Sie suchen dort Halt, Erbauung und Stärkung. Sie erfahren aber mit diesen, von ihnen aktiv mitgebeteten Worten eine verbale Erniedrigung, die im Extremfall zur spirituellen Selbstzerstörung führen kann. Das sollte unbedingt vermieden werden.

---

34 AdV: Es kommt wohl auf die Psyche und die augenblickliche Verfasstheit jedes Einzelnen an, ob er nach diesem Wechselbad der Gefühle mehr bei der Unwürdigkeit verharrt oder ob er sich an der Gotteskindschaft festhält. - Das Ziel der Kirche und damit auch das Ziel der Texte im Messbuch sollte unmissverständlich sein und nicht dem Zufall überlassen werden.

Deutung und Kritik

Im Internet äußern sich mehrere Menschen kritisch zu dieser missverständlichen bis unheilvollen und damit unheiligen Formulierung:

- Peter Hundertmark erklärt dies mit dem geschichtlichen Hintergrund, dass es zur Zeit Jesu ungeziemlich war, wenn ein Rabbi das Haus einen Nicht-Juden betrat.[35] – Es sollte aber nicht sein, dass vom Kirchenvolk gebetete Texte zuerst erklärt werden müssen, damit man sie richtig versteht.

- Klaus Nelißen verweist auf die entsprechenden Bibelstellen, ohne sich groß daran zu stören.[36]

- Ralf Staymann versuchte es am 20.08.2013 mit anderen Bibelübersetzungen zu entschärfen: „Ich bin ja nicht genug, dass du unter mein Dach kommst."[37]

- Ein Gottesdienstbesucher fühlt sich bei diesen Worten degradiert.[38]

- Im „Bibelfenster" wurde daraus den Schluss gezogen: „Eigentlich bin ich gar nicht würdig, den Leib des Herrn zu empfangen."[39]

- Susanne Haverkamp stellte am 16.03.2025 in ihrem Beitrag die Frage, „Würdig für die Kommunion? Oder doch nicht?"[40]

- Auch in der evangelischen Kirche stellt man sich die Frage, „Warum bin ich es nicht wert, dass Jesus zu mir kommt?"[41]

Diese Beispiele zeigen, wie groß der Unmut über diese Worte ist, die in jeder Messe vom ganzen Kirchenvolk gebetet wird. Dass die Worte der Bibel entnommen sind, ist kein Grund, sie beibehalten zu müssen. So gibt es Bibelworte, die nie in die Liturgie aufgenommen werden. Ein Beispiel hierzu ist dies: „Als er nach Hause gekommen war, nahm er das Messer, ergriff seine Nebenfrau, zerschnitt sie in zwölf Stücke, Glied für Glied, und schickte sie in das ganze Gebiet Israels." (Ri 19,29)

---

35 https://geistlich.net/dass-du-eingehst
36 https://www.kirche-im-wdr.de/startseite?tx_krrprogram_pi1%5Bformatstation%5D=2&tx_krrprogram_pi1%5Bprogramuid%5D=92369&cHash=6410ed0b79cdb940233e9b754dd9e088
37 https://www.kirche-im-swr.de/beitraege/?id=15717
38 https://presse.saint-augustin.ch/de/blog/herr-ich-bin-nicht-wuerdig
39 https://bistum-osnabrueck.de/bibelfenster_wuerde-dank
40 https://aussicht.online/artikel/wuerdig-fuer-die-kommunion-oder-doch-nicht
41 https://kirchen-am-berg.de/teil-24-das-kommuniongebet-warum-bin-ich-es-nicht-wert-dass-jesus-zu-mir-kommt

Lösungsansätze

Damit die Gotteskindschaft von uns Menschen auch in der Liturgie hell aufstrahlt, sollte dieser Satz im neuen Messbuch unbedingt abgeändert werden. Im Internet waren diese Alternativen zu finden:[42]

Herr, ich bin bedürftig, dass du eingehst unter mein Dach. Darum sprich nur ein Wort, und meine Seele wird gesund.

Dieser Text von Hans Waltersdorfer entschärft die bestehende Formulierung, stellt aber die menschliche Bedürftigkeit in den Mittelpunkt. Damit ist diese Wortwahl auch negativ behaftet.

oder[43]

Herr, du machst mich würdig, denn du kommst jetzt zu mir, du schenkst mir dein Wort und ich bin erlöst und gesund.

Diese Worte durfte Edit Kalsner in einem Gottesdienst mitbeten. In der heiligen Kommunion schenkt mir Gott nicht nur sein Wort – das habe ich zuvor gehört. Er schenkt sich selbst. Außerdem entfernt er sich damit weit vom ursprünglichen Text.

oder[44]

Herr, du machst mich würdig. Geh ein unter mein Dach und mach mich, mein Herz und meine Seele, wieder gesund.

Diese Worte von P. Joachim Gimbler SJ aus der Predigt des 19. Sonntags im Jahreskreis 2024 sind aufbauend. Gott verleiht mir Würde, zu mir zu kommen, bei mir zu sein, in mir Wohnung zu nehmen. Spirituell lässt sich hierzu auch sagen, dass man selbst wahrhaft zu einem „Christopherus" – einem Christusträger" wird, der Christus in die Welt hinaus trägt.

---

42 https://www.werkstatt-waltersdorfer.at/liedtext/herr-ich-bin-beduerftig

43 https://www.google.de/url?sa=t&source=web&rct=j&opi=89978449&url=https://sd5f962380c b58a39.jimcontent.com/download/version/1731439458/module/12070194995/name/pfarrblatt %252079%2520Nr%25201%2520Fr%25C3%25BCling%25202024.pdf&ved=2ahUKEwj117 Tq2omNAxXcB9sEHf89Cc4QFnoECDUQAQ&usg=AOvVaw2a1UDrc74ZcSpk2yF5s_Jq

44 https://www.st-johannes-spandau.de/uploads/VeteDReX/19.Sonntag2024MH.Jo641..DasBrotdesLebens.pdf

Theologisch gibt es hierzu die Bibelstelle, an der Jesus zu dem auf dem Baum sitzenden Zachäus sagt: „Zachäus, komm schnell herunter! Denn ich muss heute in deinem Haus bleiben." (Lk 19,5)

Schon damals empörten sich die Menschen, „Er ist bei einem Sünder eingekehrt." (Lk 19,7), noch drastischer: „Der Menschensohn ist gekommen, er isst und trinkt und ihr sagt: Siehe, ein Fresser und Säufer, ein Freund der Zöllner und Sünder!" (Lk 7,34)

Schon damals stellte Jesus klar: „Heute ist diesem Haus Heil geschenkt worden, weil auch dieser Mann ein Sohn Abrahams ist. Denn der Menschensohn ist gekommen, um zu suchen und zu retten, was verloren ist." (Lk 19,9f)

Die heilige Kommunion, das Allerheiligste, nimmt in uns Menschen Wohnung, damit wir heil werden und damit heilig werden. Dazu muss nicht zunächst die Unwürdigkeit und der Unwert von uns Menschen dem Kommunionempfang vorangestellt werden.

Der NGL-Liedermacher Simon formulierte es so:

Herr du machst mich würdig, du gehst ein unter mein Dach. (So) sprich nur ein Wort und meine Seele wird gesund.

Daran angelehnt könnte als Kurzfassung in der Liturgie verwendet werden.

Herr, du machst mich würdig. Geh ein unter mein Dach und mache mich und meine Seele (wieder) gesund.

Ein vollkommenes Bibelzitat, das hierfür verwendet werden könnte, sind Worte Mariens. Sie hätten einen Bezug dazu, dass Jesus in den Menschen Wohnung nimmt:

Meine Seele preist die Größe des Herrn und mein Geist jubelt über Gott, meinen Retter. (Lk 1,46f)

2.8.5 Verherrlichtes Leid

Der Wortteil „leiden" kommt im Messbuch insgesamt 196 Mal vor, „Leid" als eigenständiges Wort 13 Mal.

Im Messbuch wird an einigen Stellen das Leiden verherrlicht. Dies soll eine Hilfestellung für Leidende sein, ist aber für viele Leidende eine theologische Ohrfeige. Daher sollte im Messbuch das Leiden nicht verherrlicht werden.

Gib auch uns deine Kraft,
wenn wir am Kelch des Leidens Christi teilhaben,
damit wir auferstehen zum ewigen Leben. (635)

Mit anderen Worten: Wenn wir am Leiden Jesu teilhaben, werden wir auch mit ihm auferstehen. Was aber ist mit den Menschen, die frei vom Leid ihr Leben genießen können? Gibt es für sie kein ewiges Leben?

Als neue Formulierung wäre denkbar:

Gib allen Leidend die Kraft,
die sie zum Tragen ihres Leids benötigen.

oder

Gib uns in unserem Leid die Kraft,
um das zu tragen, was keiner tragen will.

Hilf uns, deinem Sohn im Leiden nachzufolgen
und in der Kraft des Kreuzes das Böse zu besiegen. (660)

und

Hilf uns,
daß wir Christus auf seinem Leidensweg nachfolgen,
damit wir ihn auch in seiner Herrlichkeit schauen, (726)

Das könnte so verstanden werden, dass Leiden Sinn und Ziel christlichen Lebens sei. Dies ist angesichts der Worte Jesu, „Ich bin gekommen, damit sie das Leben haben und es in Fülle haben" (Joh 10,10) unzutreffend.

Als neue Formulierung wäre denkbar:

Stehe uns in unserem Leid bei
und hilf uns, es zu lindern.

Schenke auch uns die Kraft,
Kreuz und Leid standhaft zu ertragen. (901)

Damit wird der Gedanke genährt, dass man Leid gottgegeben und geduldig ertragen solle. Dies trifft für unabwendbares Leid zu. Abwendbares Leid sollte auf jeden Fall aufgelöst oder zumindest auf ein minimales Maß gelindert werden.

Als neue Formulierung wäre denkbar:

Schenke auch uns die Weisheit,
unabwendbares Leid zu lindern.

Da wir im Leiden mit ihm vereint sind,
richte uns auf durch die Kraft seines Kreuzes (804)

oder

Da wir im Leiden mit deinem Sohn vereint sind,
laß uns auch teilhaben an seiner Auferstehung
und mit allen Heiligen (908)

Dem steht der Leidende gegenüber, der mit den Worten betete, „Mein Gott, mein Gott, warum hast du mich verlassen?" (Ps 22,2) Selbst Jesus hat am Kreuz so gebetet (Mk 15, 34) Da Jesus in seinem Leiden so gebetet hat und wir von der „Nachfolge Christi" sprechen", sollte es möglich sein, diese Gottverlassenehit des Leidenden auch im Messbuch zur Sprache zu bringen.

Als neue Formulierung wäre denkbar:

In der Finsternis unseres Leidens
stehst du uns als guter Hirte bei.

Damit wäre das Leid benannt, aber gleichzeitig auch die im Psalm 22 ausgedrückte Nähe Gottes. Es ist ein Zeugnis großen Gottvertrauens, wie es Anne Frank in ihrem Tagebuch schrieb und wie es im Warschauer Ghetto an einer Häuserwand stand: „Ich glaube an die Sonne, auch wenn sie nicht scheint. Ich glaube an Gott, auch wenn ich ihn nicht spüre."

Da wir das Todesleiden Jesu an unserem Leibe tragen,
lehre uns nach dem Vorbild der heiligen Jungfrau N,.,
dir unser ganzes Leben
als ungeteilten Dienst zu weihen. (934)

Da es sich hierbei um keine spezielle Jungfrau geht, die in ihrem Leben großes Leid erfahren hat, könnte diese 1. Zeile ersatzlos gestrichen werden, ohne dass sich der Inhalt und die Intension ändern.

Als neue Formulierung wäre denkbar:

Lehre uns nach dem Vorbild der heiligen Jungfrau N,.
dir unser ganzes Leben
als ungeteilten Dienst zu weihen.

dein Sohn hat unsere Schmerzen
auf sich genommen
und uns
den geheimnisvollen Wert des Leidens gezeigt. (1102)

Die Formulierung „den geheimnisvollen Wert des Leidens gezeigt" ist ein Paradoxon. Entweder ist der Wert des Leidens geheimnisvoll, dann kann er uns nicht gezeigt werden. Damit wäre er nicht mehr geheimnisvoll. Oder es wurde uns der Wert des Leidens gezeigt, dann ist er aber nicht mehr geheimnisvoll.

Wenn das Leid einen Wert hätte, gäbe es keine Theodizee-Frage. Dem steht nicht entgegen, dass man persönlich erfahrenem Leid einen Sinn geben kann. Es ist hierbei zu betonen, dass der Sinn nur gegeben werden, nicht gefunden werden kann. Den Wert zu finden, impliziert, dass Leid einen Wert hätte, der nur gefunden werden müsse. Dem ist jedoch nicht so. Der Sinn kann nur gegeben werden, und nur persönlich. Wie eine Schwangere ihr Kind selbst gebären muss und die Hebammen ihr dabei helfen können, so können Begleiter nur Hilfestellung geben, dass der Leidende einen Weg findet, seinem erfahrenen Leid einen Sinn zu geben.

Als neue Formulierung wäre denkbar:

dein Sohn hat unsere Schmerzen
auf sich genommen.

Da er (sie) im Leiden mit Christus verbunden
und durch sein Blut erlöst ist,
laß ihn (sie) schuldlos vor dein Angesicht treten
und das ewige Leben empfangen. (1075)

Es ist das Tagesgebet für Sterbende. In Mitteleuropa ist die Medizin so weit – insbesondere die Intensiv- und die Palliativmedizin –, dass kein Sterbender leidvoll sterben muss. Wenn es dennoch geschieht, liegt dies an der Unwilligkeit oder Unfähigkeit des behandelnden Arztes. Selbst die christlichen Kirchen betonen in der Broschüre „Christliche Patientenvorsorge", dass schmerzlindernde Mittel auch dann zur Linderung der Schmerzen gegeben werden dürfen, wenn sie das Leben verkürzen. Es dürfen diese Mittel aber nicht zur Verkürzung des Lebens gegeben werden. Aus diesem Grunde ist die Verknüpfung von Sterben und Leiden geschichtlich und medizinisch überholt.

Als neue Formulierung wäre denkbar:

Da er (sie) im Sterben mit Christus verbunden
und durch sein Blut erlöst ist,
laß ihn (sie) schuldlos vor dein Angesicht treten
und das ewige Leben empfangen.

Ähnlich ist es auch hier:

unser Bruder (unsere Schwester) N. hat
in schmerzvoller Krankheit den Glauben bewahrt
und ist Christus im Leiden ähnlich geworden. (1192)

Als neue Formulierung wäre denkbar:

unser Bruder (unsere Schwester) N. hat
in ihrer Krankheit den Glauben bewahrt
und ist Christus im Sterben ähnlich geworden.

Gott, du bist unsere Zuflucht in der Bedrängnis
und unser Trost im Leid,
hab Erbarmen mit deinem Volk. (1107)

Das sind schön klingende Worte, aber worin besteht der in Gott begründete Trost der Leidenden? Dass Jesus auch gelitten hat und Gott damit am eigenen Leib erfahren hat, wie sich das Leid der Menschen anfühlt? So macher Leidende wird hierauf erwidern, dass er Jesus nicht darum gebeten hat.

Als neue Formulierung wäre denkbar:

Gott, du bist unsere Zuflucht in der Bedrängnis.
Hab Erbarmen mit deinem Volk
und stehe uns bei, das Leid zumindest zu lindern.

Gib ihm (ihr) die Kraft,
sein (ihr) Leiden anzunehmen
und in Geduld zu ertragen, (1103)

Diese Formulierung steht in teilweisem Widerspruch zum „Gelassenheitsgebet" des Reinhold Niebuhr:

Gott, gib mir die Gelassenheit, Dinge hinzunehmen, die ich nicht ändern kann,
den Mut, Dinge zu ändern, die ich ändern kann,
und die Weisheit, das eine vom anderen zu unterscheiden.

Wegen der darin steckenden Weisheit macht es Sinn, dass dieses Gelassenheitsgebet so auch in das Messbuch übernommen wird, am besten gleich mehrmals.

Leiden, das man nehmen oder zumindest lindern kann, sollte genommen oder zumindest gelindert werden. Nur Leiden, das man nicht ändern kann, muss ertragen werden. Die Formulierung von Seite 1103 verführt dazu, Leid zu ertragen, das man nehmen oder zumindest lindern könnte. Dazu gehören u.a. körperliche Schmerzen.

Als neue Formulierung wäre denkbar:

Gib ihm (ihr) die Kraft,
sein (ihr) unabwendbares Leiden anzunehmen
und in Geduld zu ertragen,

oder kürzer:

Lindere sein Leiden.

Als Grundsatz sollte gelten:

Leid sollte nie theologisiert oder gar glorifiziert[45] werden.

---

45 Wer Leid glorifiziert, soll einmal einen Tag mit dem Leidenden tauschen. Dieser ist sicherlich zu einem Tausch bereit.

2.8.6 Ave Maria

Sprache lebt

Sprache „lebt", weil sich das Sprachempfinden ändert. So kennt z.B. das Deutsche Wörterbuch von Jacob Grimm (1785-1863) und Wilhelm Grimm (1786-1859) das Wort „Dame" im „verächtlichen oder ironischen" Sinn, mit „schimpflichster" Bedeutung. So heißt es in ihrem Wörterbuch, dass das Wort Dame „heutzutage zu vollen ehren gelangt (ist), und bezeichnet eine angesehene, vornehme" Frau. Zuvor war sie eine angesehene Frau am Hofe.

Vor über 50 Jahren wurde das Gegrüßet-seist-du-Maria geändert, weil sich auch hier das Sprachgefühl verändert hat. Ursprünglich bezeichnete „Weib" eine Ehefrau bzw. eine erwachsene Frau, d.h. eine Frau, die schon Geschlechtsverkehr hatte – in Abgrenzung zur Jungfrau -, so das Etymologische Wörterbuch der deutschen Sprache von Kluge. Doch mit den Jahren wurde „Weib" immer mehr eine verächtliche Bezeichnung, so dass man sich in der Mitte der 1960er Jahren genötigt sah, im Ave-Maria das „gebenedeit unter den Weibern" zu „gebenedeit unter den Frauen" abzuändern.

Ungeachtet dieser Änderung ist „Weibsbild" in Bayern und Österreich noch heute eine anerkennende Bezeichnung für eine herausragende Frau, insbesondere wenn es ein „tolles Weibsbild" ist. Auch blieb bis heute das Adjektiv „weiblich" erhalten, ohne dass es negativ besetzt wurde. Es wurde nicht zu „fraulich" abgeändert.

Bis zum Jahr 1980 gab es die Einheitübersetzung, die über 35 Jahre lang in und außerhalb der Liturgie verwendet wurde. Sie war ein Kompromiss zwischen wortgetreuer Übersetzung und dem allgemeinen Sprachgefühl. Im Jahr 2016 wurde die neue Einheitsübersetzung vorgestellt. Sie legt mehr Wert auf eine wortgetreue Übersetzung.

Zum Argument, dass man mit der Veränderung von Standardgebeten vorsichtig sein soll, da es sich hierbei um biblische Texte – um das „Wort Gottes" handle, ist auf die obigen Beispiele zu verweisen. Es wurde das Ave-Maria vor 60 Jahren verändert. Es wurde in den letzten 45 Jahren der Text der Bibel neu übersetzt. Dabei wurde nie der Inhalt verändert, sondern immer nur die verwendeten Begriffe. Die Botschaft blieb erhalten.

Bestandsaufnahme zum Ave Maria

Sprache entwickelt sich weiter. So kennt Grimms Wörterbuch noch „gebenedeien" für „segnen" und „Gebenedeiung" für „Segnung", aber weder Wikipedia noch Kluge kennen diese beiden Begriffe. Sie sind aus der Alltagssprache verschwunden. Nur im Ave-Maria blieb es als „gebenedeit" antiquiert erhalten, wobei kaum noch jemand um die Bedeutung weiß. In der Ostkirche wird an dieser Stelle „Gesegnet bist du unter den Frauen" gebetet, was heute Jeder ohne Erklärung versteht.

Auch nennt Grimms Wörterbuch „Leibesfrucht" als Kind. Im Kluge wird dieser Begriff nicht genannt. Wikipedia verweist einerseits auf einen „Embryo", andererseits auf den „Nasciturius", einen ungeborenen Menschen als Träger von Rechten. Pschyrembel, das medizinische Wörterbuch, verweist in seiner 268. Auflage bei „Leibesfrucht" auf „Embryo" wie auch auf „Fötus". Damit ist belegt, dass „Leibesfrucht" nicht mehr zum heutigen Sprachgebrauch gehört.

Zur „Frucht" nennt Grimms Wörterbuch 29 Zusammensetzungen aus der Botanik und 3 im Zusammenhang mit dem Menschen: Leibesfrucht, Menschenfrucht, Zwillingsfrucht. Nach Kluge ist „Frucht" aus dem Lateinischen „fructus" entlehnt, das mit „fru" für „genießen" im Zusammenhang steht. Bei Wikipedia ist „Frucht" völlig auf die Botanik beschränkt. Dort gibt es keinen Hinweis zum Menschen.

Handlungsdruck

Die deutsche Textfassung des Sacrosanctum Concilium (SC), die Konstitution über die heilige Liturgie vom Dezember 1963, enthält viermal das Wort „verstehen". Den Konzilsvätern ging es somit darum, dass die Gläubigen nicht nur die Liturgie und das Sakrament feiern, sondern sie sollen es auch verstehen. Das „gebenedeit" wird heute von kaum noch einem Christen verstanden. Es wird somit mit Unverstand gebetet. Das widerspricht dem Sinn von SC und sollte daher geändert werden.

In anderen Sprachen wird nicht „gebenedeit" verwendet, sondern die Übersetzung von „gesegnet": „blessed" im Englischen,[46] „bénie" im Französischen,[47] „blogoslawionas" im Polnischen,[48] „gezegend" im

---

46 https://en.wikipedia.org/wiki/Hail_Mary
47 https://fr.wikipedia.org/wiki/Je_vous_salue_Marie
48 https://pl.wikipedia.org/wiki/Zdrowa%C5%9B_Maryjo

Niederländischen,[49] „velsignet" im Dänischen,[50] „bendito" im Spanischen,[51] „benedictus" im Portugisischen[52] und „benedetta" im Italientischen[53] Ave Maria.

„Frucht deines Leibes" (Leibesfrucht) gehört nicht mehr zum heutigen Sprachgebrauch. Zudem gehört „Frucht" eindeutig in die Botanik, nicht in die Zoologie und schon gar nicht in die Anthropologie. Daher protestieren schwangere Frauen zurecht, wenn ihnen – meist von alten Frauenärzten – gesagt wird, dass mit ihrer „Leibesfrucht" alles in Ordnung sei. „Ich bin doch kein Baum!" und „Mein Kind ist doch kein Obst!", sind eine gängige Reaktion der Schwangeren.

Entgegen der 1960er Jahre, bei denen nur „Weibern" zu „Frauen" abgeändert wurde, steht nun eine doppelte sprachliche Anpassung des Gegrüßet-seist-du-Maria an. Zum einen sollten die Gläubigen verstehen, was sie beten. Zum anderen soll die Wortwahl dem aktuellen Sprachgebrauch entsprechen. Keinesfalls soll liturgische Sprache verletzen und damit Gläubige vom Beten abhalten. Die Wortwahl soll vielmehr zum Beten einladen.

Neufassung des Ava Maria

Für die 1. Hälfte des Ave Maria stehen somit zwei dringende Veränderungen an. Das neue Ave Maria sollte daher lauten:

> „Gegrüßet seist du, Maria, voll der Gnade,
> der Herr ist mit dir.
> Du bist gesegnet unter den Frauen,
> und gesegnet ist dein Kind, Jesus."

oder

> „Gegrüßet seist du, Maria, voll der Gnade,
> der Herr ist mit dir.
> Du bist gesegnet unter den Frauen,
> und gesegnet ist dein empfangenes Kind, Jesus."

---

49 https://nl.wikipedia.org/wiki/Weesgegroet
50 https://da.wikipedia.org/wiki/Hil_dig,_Maria
51 https://es.wikipedia.org/wiki/Avemar%C3%ADa
52 https://pt.wikipedia.org/wiki/Ave-maria
53 https://it.wikipedia.org/wiki/Ave_Maria

2.8.7 Vom „Gedenktag" zum „Geburtstag"

Von vielen Heiligen der ersten Jahrhunderte kennen wir den Tag und den Monat, an dem der Heilige gestorben ist, aber wir kennen das Jahr nicht. Dabei ist doch das Jahr eine ungenauere Zeitangabe, als die Angaben zu Tag und Monat. Dies ist für Unkundige verwunderlich.

Diese Tatsache ist darin begründet, dass die Christen in den ersten Jahrhunderten am Jahrestag des Todes in besonderer Weise an den verstorbenen Heiligen gedacht haben. Meist hat man sich hierzu am Grab des Heiligen zu einer Feier getroffen. Es wurde nicht sein Tod gefeiert, sondern sein Geburtstag im Himmel. So ist es auch im Messbuch auf Seite 78 der Einführung beschrieben.

Um diesen „Geburtstag" der Heiligen stärker in das Bewusstsein der Gläubigen zu bringen, sollte im neuen Messbuch nicht von „Gedenktag" gesprochen werden, sondern vom „Geburtstag".

2.8.8 „erneuere"

Eine Erneuerung ist notwendig, wenn etwas alt, schlecht oder gar funktionsuntüchtig wurde. Im Messbuch gibt es 11 Stellen mit „erneuere":

Aschermittwoch:	erneuere uns nach dem Bild deines Sohnes (79)
Freitag 1. Fastenwoche:	erneuere unseren Geist (93)
Donnerstag 2. Fastenwoche:	innerlich erneuere (101)
Mittwoch 3. Fastenwoche:	erneuere uns im Geist (110)
Taufwasserweihe	Gott erneuere in uns seine Gnade (102)
Fastenzeit:	erneuere uns im Geist (266)
Gemeindemesse:	und erneuere ihre Jugend. (526)
Hl. Irenäus:	erneuere in uns dem Glauben (704)
bei Taufskrutinien:	deine Heiligkeit erneuere in ihnen die Würde des Anfangs. (960)
beim Taufgedächtnis:	Gott aber erneuere in uns seine Gnade, (1207)
im Advent:	Für seine heilige Kirche: daß er sie in dieser Adventszeit gnädig erneuere. (1215)

2.8.9 Sieg

Wir Deutsche haben mit dem „Sieg heil" aus dem Dritten Reich einen spezielle Beziehung zum „Sieg". Im sportlichen Wettkampf mag man Siege erringen, aber im zwischenmenschlichen Leben bedeutet „Sieg" immer, dass es Sieger und Besiegte gibt. Dabei gibt es nur einen Sieger, alle anderen sind Verlierer. Auf eine Kurzformel gebracht kann man daher sagen:
„Kampf ist Krampf."

Da das Messbuch für den deutschen Sprachraum gedacht ist, sollte auch sprachlich die deutsche Besonderheit bedacht werden, die wir aus dem Dritten Reich mitbringen.

Als Wortteil kommt „Sieg" im Messbuch insgesamt 20 Mal vor

In der Lichtfeier der Osternacht wird der Sieg Christi deutlich benannt:

Wir begehen das Gedächtnis des österlichen Heilswerkes Christi, indem wir das Wort Gottes hören und die heiligen Mysterien feiern in der zuversichtlichen Hoffnung, daß wir einst am Sieg Christi über den Tod und an seinem Leben in Gott teilnehmen dürfen. (64)

An Ostern wird der Sieg Christi über den Tod gefeiert, ein Sieg, an dem wir mit unserem Tod Anteil haben dürfen.

Als neue Formulierung wäre denkbar:

Wir begehen das Gedächtnis des österlichen Heilswerkes Christi, indem wir das Wort Gottes hören und die heiligen Mysterien feiern in der zuversichtlichen Hoffnung, dass durch Christus nicht der Tod das letzte Wort hat, sondern das Leben, ein ewiges Leben, an den auch wir Anteil haben dürfen.

*am heutigen Tag
hast du durch deinen Sohn den Tod besiegt
und uns den Zugang zum ewigen Leben erschlossen. (110)*

So heißt es im Tagesgebet vom Ostersonntag.

Als neue Formulierung wäre denkbar:

am heutigen Tag
hast du durch deinen Sohn den Tod überwunden
und uns den Zugang zum ewigen Leben erschlossen.

Hilf uns,
den Sieg des Auferstandenen zu verkünden, (148)

Als neue Formulierung wäre denkbar:

Hilf uns,
das Wunder der Auferstehung zu verkünden,

dein Sohn ist der Kirche siegreich vorausgegangen
als der Gute Hirt. (163)

Ältere Christen und allen Geschichtskundigen fällt hierzu der Satz aus dem Dritten Reich ein: „Führer befiehl, wir folgen dir."

Die Formulierungen „siegreich" und „Guter Hirte" passen inhaltlich nicht zusammen. Der Gute Hirte des Psalm 23 glänzt nicht durch irgendwelche Siege, sondern durch die Fürsorge und das Wohlergehen der Schafe. Auch der von Jesus genannte „gute Hirt" (Joh 10,11) lässt keinen Sieg erkennen. Auch hier stehen Fürsorge und das Wohlergehen der Schafe im Mittelpunkt. Daher ist der „siegreiche" „Gute Hirt" daher ein theologischer Unsinn.

Als neue Formulierung wäre denkbar:

dein Sohn ist der Kirche in das ewige Leben vorausgegangen
als der Gute Hirt.

Durch das Fasten des Leibes hältst du die Sünde nieder, erhebst du den Geist, gibst
du uns die Kraft und den Sieg durch unseren Herrn Jesus Christus. (378f)

Dass Gott uns Kraft gibt, ist zutreffend, doch den Sieg? Worüber denn? Über die Sünde? Das Fasten würde diese niederhalten. Und dennoch, wir Menschen sündigen, bewusst und auch unbewusst. Daher kann hier nicht vom Sieg über die Sünde gesprochen werden. Der Sieg über den Tod steht uns noch aus. Was soll das für ein Sieg sein?

Als neue Formulierung wäre denkbar:

Durch das Fasten des Leibes hältst du die Sünde nieder, erhebst du den Geist, gibst du uns die Kraft und Teilhabe am ewigen Leben durch unseren Herrn Jesus Christus.

Denn er ist (heute) als Sieger über Sünde und Tod aufgefahren in den Himmel.
(394)

Da Jesus nach christlichem Glauben nie gesündigt hat, man könnte auch sagen, dass er der Sünde widerstanden hat, hat er nie die Sünde besiegt. Anders beim Tod. Hier kann von einem „Sieg" gesprochen werden, denn Jesus war tot, blieb aber nicht im Tod. Er ist von den Toten auferstanden. (Mt 27,64; Mk 16,6; Lk 24,34; Apg 26,23) Nach einer anderen Lesart wurde er von den Toten „auferweckt". (Joh 2,,22; Apg 2,24)

Wenn auch häufig Auferstehung und Auferweckung oft synonym angesehen wird, so gibt es hierzu einen entscheidenden Unterschied: Auferstehung ist eigenes Handeln des Toten. Auferweckung geschieht durch „Fremdeinwirkung", durch das Handeln Gottes.

Als neue Formulierung wäre denkbar:

Denn er ist (heute) aus dem Tod aufgefahren in den Himmel.

Doch deine Liebe hat die Macht des Todes gebrochen und uns gerettet durch den Sieg unseres Herrn Jesus Christus, der uns aus der Vergänglichkeit hinüberführt in das ewige Leben. (461)

Im vorausgehenden Satz wird Gott-Vater angesprochen. Er hat somit „die Macht des Todes gebrochen". Damit sind wir bei der „Auferweckung" Jesu durch seinen Vater. Damit ist der „Sieg" der Verdienst des Vaters und nicht des Sohnes, wie es im zitierten Satz heißt. Damit führt uns der Vater von der Vergänglichkeit ins ewige Leben.

Das mag spitzfindig erscheinen, aber auch in der Theologie sollten die Bezüge stimmen und mit der allgemeinen Lehre der Kirche übereinstimmen. Es genügt somit nicht, im Messbuch wohlklingende Worte zu verfassen, sie sollten auch mit der Lehre der katholischen Kirche konform gehen.

Als neue Formulierung wäre denkbar:

Doch dein Sohn, deine fleischgewordene Liebe zu uns Menschen, hat den Tod überwunden und uns aus der Vergänglichkeit das Tor in das ewige Leben geöffnet.

2.8.10 Psalm 23

In den Lektionaren für die Sonn- und Feiertage der Lesejahre A, B und C kommt der Psalm 23 als Antwortpsalm an diesen Tagen vor:

Sonntagslektionar Lesejahr A

4. Fastensonntag	= Joh 9, 1-41	Heilung eines Blinden am Sabbat
4. So. der Osterzeit	= Joh 10, 1-10	Der Hirt der Schafe
28. So. im Jahresk.	= Mt 22, 1-14	Menschen kommen nicht zum Gastmahl
Christkönigsonntag	= Mt 25,31-46	Schafen von den Böcken scheiden
Allerseelen	= Joh 5, 24-29	Tote werden auferstehen, Gute zum Leben, Schlechte zum Gericht
	= Joh 6, 37-40	Wille Gottes ist die Auferweckung von den Toten
	= Joh 6, 51-58	Ich bin das lebendige Brot
	= Joh 11, 17-27	Auferweckung des Lazarus
	= Joh 14, 1-6	Im Hause meines Vaters gibt es viele Wohnungen

Sonntagslektionar Lesejahr B

4. Fastensonntag	= Joh 9, 1-41	Heilung eines Blinden am Sabbat
16. So. im Jahresk.	= Mk 6, 30-34	Menschen sind wie Schafe ohne Hirte
Allerseelen	= Joh 5, 24-29	Tote werden auferstehen, Gute zum Leben, Schlechte zum Gericht
	= Joh 6, 37-40	Wille Gottes ist die Auferweckung von den Toten
	= Joh 6, 51-58	Ich bin das lebendige Brot
	= Joh 11, 17-27	Auferweckung des Lazarus
	= Joh 14, 1-6	Im Hause meines Vaters gibt es viele Wohnungen

Sonntagslektionar Lesejahr C

4. Fastensonntag	= Joh 9, 1-41	Heilung eines Blinden am Sabbat
Herz Jesu	= Lk 15,3-7	verlorenes Schaf
Allerseelen	= Joh 5, 24-29	Tote werden auferstehen, Gute zum Leben, Schlechte zum Gericht
	= Joh 6, 37-40	Wille Gottes ist die Auferweckung von den Toten
	= Joh 6, 51-58	Ich bin das lebendige Brot
	= Joh 11, 17-27	Auferweckung des Lazarus
	= Joh 14, 1-6	Im Hause meines Vaters gibt es viele Wohnungen

Weitere Stellen der Evangelien

Es gibt Evangelientexte, in denen „Hirt" oder „Schaf" vorkommt, aber bei denen ist im Lektionar der Psalm 23 nicht als Antwortpsalm genannt ist:

Erscheinung d.H.	= Mt 2,6	Sterndeuter aus dem Morgenland
11. So. im Jahresk.	= Mt 9,36	die Ernte ist groß, aber nur wenig Arbeiter
	= Mt 10,16	wie Schafe mitten unter die Wölfe
	= Mt 12,11	ein Schaf am Sabbat aus der Grube ziehen
	= Mt 18,12	das verlorene Schaf
Christkönigsonntag	= Mt 25,32	Trennung von Schafen und Böcken
	= Mt 26,31	den Hirten erschlagen, die Herde zerstreuen
	= Mk 5,14	der Besessenen von Gerasa
16. So. im Jahresk.	= Mk 6,34	wie Schafe, die keinen Hirten haben
	= Mk 14,27	den Hirten erschlagen, die Herde zerstreuen
14. So. im Jahresk.	= Lk 10,3	wie Schafe mitten unter die Wölfe
4. So. im Osterk.	= Joh 10,11	Ich bin der gute Hirt
4. So. im Osterk.	= Joh 10,27	Meine Schafe hören auf meine Stimme
Petrus und Paulus	= Joh 21,16	Weide meine Schafe

Bedeutung des Psalm 23

Der Psalm 23 besitzt mehrere Funtionen, die ihn so wertvoll machen:

Vers   Funktion, Wirkung

1   Er drückt großes Gottvertrauen aus. (nichts wird mir fehlen)

2+3   Er drückt Sicherheit und Geborgenheit aus.

4   Gott ist bei mir, auch wenn ich ihn nicht sehe und nicht spüre.

5   Gott sorgt gut für mich, auch angesichts meiner Feinde.

6   Gott wird bei mir sein, bis ich ewiglich bei ihm bin.

Besonders leidgeplagten Menschen ist der Psalm 23 ein sehr wichtiger Psalm.

Als Klinikseelsorger erlebe ich dies im Gespräch mit Patienten häufig: Evangelische Christen mussten zur Konfirmation den Psalm 23 auswendig lernen. Auch wenn sie sich nach Jahrzehnten an den Psalm 23 oder seinen Titel, „Der gute Hirte", nicht mehr erinnern, jedoch begonnen wird, „Der Herr ist mein Hirt", so ist der Text doch wieder da. Sie erinnern sich dann auch an das große Gottvertrauen von Vers 4. Das zuvor noch vorhandene Gefühl der Gottesferne oder gar Gottverlassenheit mindert sich dann. Es wird mit Zuversicht ersetzt.

Daher sollte der Psalm 23 in der katholischen Kirche einen größeren Stellenwert erhalten. Dies käme darin zum Ausdruck, dass der Psalm 23 in der Liturgie häufiger gelesen werden würde. Zudem eignet er sich auch hervorragend als Predigtthema.

2.8.11 Heiligkeit

Alleine aus den letzten 35 Jahren gibt es eine Reihe bedeutender Aufrufe, dass wir Menschen zur Heiligkeit berufen sind: Papst Johannes Paul II. sprach am 07.12.1990 und 28.07.2002 von einer „Pflicht zur Heiligkeit". Papst Franziskus sprach am 30.08.2023 davon, dass wir „alle zur Heiligkeit berufen" sind. Sein Apostolisches Schreiben GAUDETE ET EXSULTATE vom 19.03.2018 handelt vom „Ruf zur Heiligkeit". Nach Canon 387 CIC soll „der Diözesanbischof alles daranzusetzen, die Heiligkeit der Gläubigen ... fördern". Nach KKK 941 ergeht an alle Getauften der „Ruf zur Heiligkeit".

In wie weit dieser Ruf zur Heiligkeit im Messbuch zu finden ist, wird nachfolgend untersucht.

Der Begriff „Heiligkeit" kommt im Messbuch 37 Mal vor.

Heiligkeit der heutigen Gläubigen

In der allgemeinen Einführung zum Messbuch heißt es:

Wenngleich dieses Volk von seinem Ursprung her schon heilig ist, soll es doch durch eine bewußte, tätige und fruchtbringende Teilnahme am eucharistischen Mysterium in der Heiligkeit stetig wachsen. (26)

Im Apostolischen Schreiben von Papst Paul VI. vom 14.02.1969 heißt es:

Er enthält die Namen herausragender Menschen, die dem ganzen Volke Gottes das leuchtende Vorbild der Heiligkeit in mannigfaltiger Weise vor Augen stellen. (79)

Im Schlussgebet Freitag der 4. Fastenwoche heißt es:

Laß uns die Gewohnheiten des alten Menschen ablegen
und neu werden in Heiligkeit und Gerechtigkeit. (123)

Im Tagesgebet Freitag der 6. Osterwoche heißt es:

Erfülle diese Verheißung
durch die Predigt des Evangeliums,
damit deine Kinder auf der ganzen Erde
die Heiligkeit erlangen, (189)

Im Schlussgebet Samstag der 7. Osterwoche heißt es:

Laß uns die Gewohnheiten
des alten Menschen ablegen
und neu werden in Heiligkeit und Gerechtigkeit. (200)

So heißt es auch im Schlussgebet Samstag der 1. Woche. (281)

Im Gabengebet Montag der 2. Woche heißt es:

Laß sie ihren Ursprung nie vergessen,
sondern in dieser Feier
Leben und Heiligkeit empfangen. (282)

In der Auswahl der Tagesgebete heißt es unter Nummer 10:

Du hast deine Gemeinde zur Heiligkeit berufen. (308)

Im Tagesgebet im Gedenken an Thomas von Aquin (28. Januar) heißt es:

du hast dem heiligen Thomas von Aquin
ein leidenschaftliches Verlangen geschenkt,
nach Heiligkeit zu streben
und deine Wahrheit zu erfassen.
Hilf uns verstehen, was er gelehrt,
und nachahmen, was er uns vorgelebt hat. (617)

Im Tagesgebet im Gedenken an Kasimir (04. März) heißt es:

Hilf uns auf die Fürbitte des heiligen Kasimir,
deinen Weisungen zu gehorchen
und in Heiligkeit und Gerechtigkeit
vor dir zu leben. (638)

Im Tagesgebet im Gedenken an Theresia von Jesu (15. Oktober) heißt es:

Durchdringe uns mit der Gewißheit,
daß du allein genügst,
und entzünde in uns
das Verlangen nach Heiligkeit. (807)

Im Tagesgebet für Glaubensboten heißt es:

Gib uns auf seine Fürsprache neue Kraft
und mehre den Glauben
und die Heiligkeit in deinem Volk. (928)

Im Schlussgebet der „"Commune-Texte für heilige Männer und heilige Frauen"
heißt es unter Nummer 8 für „Ordensleute":

du Ursprung und Fülle der Heiligkeit,
du hast den heiligen N. zur Vollendung geführt.
Laß durch die Kraft deines Sakramentes
auch uns in der Liebe wachsen
und vollende am Tag Jesu Christi
das Werk der Gnade, das du in uns begonnen hast. (948)

Dieser Text weist einige beachtenswerte Besonderheiten auf:
1. Wir sollen in der Liebe wachsen. D.h. wir sollen immer mehr zu Liebenden
werden. Dies wird im Kapitel „Liebe" weiter ausgeführt.
2. Bei allem Wachstum, um das wir uns bemühen, werden wir auf Erden nie den
Grad der Liebe erreichen, den Gott besitzt. Siehe Kapitel „Liebe".

Im Tagesgebet für die ewige Profess heißt es:

Gib, daß sie im Geist des Evangeliums leben,
die Heiligkeit deines Volkes mehren
und die apostolische Kraft der Kirche bezeugen. (1004)

Weitere Heiligkeiten

In der allgemeinen Einführung zum Messbuch heißt es:

Form und Schönheit des Raumes wie auch seine Ausstattung sollen die
Frömmigkeit fördern und auf die Heiligkeit der Mysterien, die hier gefeiert werden,
hinweisen. (64)

In der Präfation vom Christkönigsonntag heißt es:

Wenn einst die ganze Schöpfung seiner Herrschaft unterworfen ist, wird er dir,
seinem Vater, das ewige, alles umfassende Reich übergeben: das Reich der
Wahrheit und des Lebens, das Reich der Heiligkeit und der Gnade, das Reich der
Gerechtigkeit, der Liebe und des Friedens. (262f)

Es sind schöne und fromme Worte. Es ist jedoch völlig offen, ob hierbei vom Diesseits oder vom Jenseits gesprochen wird. Wenn wir die Geschichte der Menschheit ansehen, ist es schwer vorstellbar, dass die Beschreibung dieses paradiesischen Zustands für das Diesseits gedacht ist.

In der Prävation vom Advent III heißt es:

Seine Wahrheit leuchtet den Suchenden, seine Kraft stärkt die Schwachen, seine Heiligkeit bringt den Sündern Vergebung.

In der Einführung zu den Gedenktagen der Heiligen heißt es unter d):

Außer den Commune-Texten für bestimmte Heiligengruppen (z. B. Märtyrer, Jungfrauen, Hirten der Kirche) können immer auch die Commune-Texte für heilige Männer und heilige Frauen verwendet werden, die von der Heiligkeit im allgemeinen sprechen. (604)

In der Biographie zur hl. Mathilde (14. März) heißt es:

Die zweite Gemahlin Heinrichs I. und Urenkelin des Sachsenherzogs Widukind, im Kloster Herford erzogen, erschien schon den Zeitgenossen als „Frau von wunderbarer Heiligkeit" (Widukind von Corvey). (642)

Im Tagesgebet im Gedenken an Philipp Neri (26. Mai) heißt es:

du hast im Leben deines Dieners Philipp Neri
den Glanz deiner Heiligkeit aufleuchten lassen.
Gib uns eine brennende Liebe,
wie er sie im Herzen trug,
und die Heiterkeit des Geistes,
die ihn zum Boten deiner Freude gemacht hat. (678)

Dieser Text über die Heiligkeit des Philipp Neri ruft uns heutige Gläubige nicht zur Heiligkeit auf, wie es z.B. in den Tagesgebeten Thomas von Aquin (28. Januar) und hl. Kasimir (04. März) heißt.

Im Tagesgebet im Gedenken an Aloisius Gonzaga (21. Juni) heißt es:

Höre auf seine Fürsprache
und gib uns,
auch wenn wir ihm in der Heiligkeit nicht gefolgt sind,
durch Buße und Umkehr die Reinheit des Herzens. (694)

Damit wird der Ruf zur Heiligkeit nicht unterstützt, sondern untergraben. Wir sollen zwar durch Umkehr und Buße die Reinheit des Herzens erlangen, aber brauchen uns nicht um Heiligkeit zu bemühen.

In der Biographie zum hl. Kamillus von Lellis (14. Juli) heißt es:

Von Philipp Neri zur Heiligkeit geführt, gründete er den Orden der Kamillianer als Gemeinschaft von Krankenpflegern. (721)

Ein Aufruf zur Heiligkeit im Tagesgebet fehlt. Hier bleibt eine große Chance ungenutzt.

In der Biographie zur hl. Rosa von Lima (23. August) heißt es:

Die „erste Blume der Heiligkeit Südamerikas', geboren in Lima 1586, führte von Jugend auf ein heroisches Tugend- und Bußleben. (757)

Auch hier fehlt im Tagesgebet der Aufruf zur Heiligkeit. Wieder eine ungenutzte Chance.

In der Präfation im Gedenken an Willibrord (07. November) heißt es:

Was er mit dem Mund lehrte, das bezeugte er auch durch sein Beispiel, sein Leben erstrahlte im Lichtvollen Wandel, und seine Heiligkeit offenbarte sich in Zeichen und Wundern. (836)

Im Schlussgebet der Commune-Texte für die Gedenktage der Heiligen heißt es unter Nummer 3:

Gott, du allein bist der Heilige,
und doch gibst du sterblichen Menschen
Anteil an deiner Heiligkeit. (942)

Wenn Gott uns „Anteil an deiner Heiligkeit" gibt (!), brauchen wir Menschen uns nicht um Heiligkeit zu bemühen. Es läge somit in Gottes Hand, ob, wie und wie weit wir Heiligkeit empfangen. Wenn uns Gott keine Heiligkeit gibt, ist es sein Problem. Wir seien ja nur der Empfänger der Heiligkeit. - Wieder eine ungenutzte Cance, Menschen einzuladen, sich um Heiligkeit zu bemühen.

Gott, du allein bist der Heilige,
daher rufst du uns sterbliche Menschen,
nach dir, dieser Heiligkeit, zu streben.

Im Tagesgebet bei den Taufkrutinien heißt es:

Die Ursünde hat sie von dir getrennt;
deine Heiligkeit erneuere in ihnen
die Würde des Anfangs. (960)

Im Gabengebet B für die heilige Kirche heißt es:

Laß sie ihren Ursprung nie vergessen,
sondern in dieser Feier
Leben und Heiligkeit empfangen. (1037)

Im Tagesgebet C für die heilige Kirche heißt es:

Offenbare durch sie der Welt
das Geheimnis deiner Einheit und Heiligkeit
und vollende uns in deiner Liebe. (1038)

Im Schlussgebet C der Messen für besondere Anliegen heißt es:

Erneuere in deiner Kirche den Geist der Heiligkeit
und gib, daß alle,
die sich des Christennamens rühmen,
dir in der Einheit des Glaubens dienen.(1069)

Auch in diesen 4 Gebeten ist Gott für die Heiligkeit der Menschen verantwortlich. Somit brauchen sie sich nicht um Heiligkeit zu bemühen. Dies ist ein Irrglaube. Wenn dem so wäre, bräuchte es keine Glaubenszeugen und auch keine Kirche.

Im Tagesgebet zur Maria, der Kirche heißt es:

Schau hin auf seine große Liebe,
laß die Kirche zur Mutter vieler Kinder werden,
an deren Heiligkeit sie sich freuen kann, (1141)

Im Gebet der Vigilmesse zu Pfingsten heißt es:

Offenbare durch sie der Welt
das Geheimnis deiner Einheit und Heiligkeit
und vollende uns in deiner Liebe. (1229)

In diesen beiden Gebeten wird zwar „Heiligkeit" genannt, aber es fehlt der Ruf zur Heiligkeit.

Im Schlussgebet E der Messen für besondere Anliegen heißt es:

Begleite sie mit deinem Schutz,
erhalte in ihr die Unversehrtheit des Glaubens
und die Heiligkeit der Sitten lebendig, (1042)

Hier geht es um die Heiligkeit der Sitten, nicht um die der Gläubigen.

Die Heiligkeit Gottes wird darüber hinaus auf den Seiten 32, 480, 484, 583 und 1155 genannt.

Überlegungen zur Heiligkeit

Nach Gen 1,26 sind wir Menschen nach Gottes Abbild geschaffen. Es stellt sich jedoch die Frage, worin dieses Abbild Gottes deutlich wird. Es gibt Bemühungen, Gott als Mann bzw. als Frau darzustellen, weil wir Menschen Männer und Frauen sind.[54] Andere Auffassungen sehen Gott als geschlechtsneutral an. Meist wird bei der Frage um die Gottesebenbildlichkeit des Menschen Gott von uns Menschen aus gedacht, und dabei meist morphologisch und haptisch. Dies kritisierte bereits Xenophanes (* um 570 v.C.), der die Ansicht vertrat: „Wenn die Pferde Götter hätten, sähen sie wie Pferde aus"

Diese Gottesebenbildlichkeit des Menschen muss also auf einer anderen Ebene gesehen werden. Eine Sichtweise ist, dass wir Menschen – so wie auch Gott - einen freien Willen haben. Im Rahmen unserer Möglichkeiten können wir grenzenlos Schlechtes und grenzenlos Gutes tun.

Eine andere Sichtweise blickt auf die Heiligkeit Gottes. So heißt es in Nummer 375 des Katechismus, „Diese Gnade der ursprünglichen Heiligkeit war eine 'Teilhabe am göttlichen Leben'". Im Messbuch ist Gott als „Quell aller Heiligkeit" genannt.[55] Aus ihm heraus strömt sozusagen alle andere Heiligkeit. Somit sind alle Christen zur Heiligkeit berufen:

- Lumen Gentium
  Nach LG 8 sollen die Menschen Gott „in Heiligkeit dienen".
  Nach LG 11 sind die Menschen „berufen, zu der Vollkommenheit in Heiligkeit".

---

54 So wird z.B. im Fresko der Kirche in Urschalling bei der Darstellung der Dreifaltigkeit Gottes Gott Vater als alter Mann, Jesus als junger Mann und der Heilige Geist als Frau dargestellt.
55 Zweites Hochgebet (32, 480, 484, 583) und im Tagesgebet „von allen Heiligen" (1155).

LG 32 räumt ein: „Wenn also in der Kirche nicht alle denselben Weg gehen, so sind doch alle zur Heiligkeit berufen".

Diese Heiligkeit, zu der alle Christen berufen sind, wird unter den nachfolgenden Nummern genannt: 39-42, 44, 47-50, 56, 64 und 65.

- Gaudium et spes

  Nach GS 34 hat der Mensch den göttlichen Auftrag erhalten, „sich die Erde, mit allem, was zu ihr gehört, zu unterwerfen, die Welt in Gerechtigkeit und Heiligkeit zu regieren."

  In GS 48 heißt es: „Wenn somit die Eltern durch ihr Beispiel und ihr gemeinsames Gebet auf dem Weg vorausgehen, werden auch die Kinder und alle, die in der Familiengemeinschaft leben, leichter diesen Weg des echten Menschentums, des Heils und der Heiligkeit finden."

- Papst Johannes Paul II.

  Er sprach mehrfach von einer "Pflicht zur Heiligkeit". Papst Franziskus sprach wiederum davon, dass wir "alle zur Heiligkeit berufen" sind. Sein Apostolisches Schreiben "Gaudete et exsultate" von 2018 handelt vom "Ruf zur Heiligkeit".

- Codex Iuris Canonici

  Nach CIC 276 sind Kleriker in „Ihrer Lebensführung ... in besonderer Weise zum Streben nach Heiligkeit verpflichtet"..

  Nach Canon 387 CIC soll der Diözesanbischof alles daransetzen, „die Heiligkeit der Gläubigen entsprechend der je eigenen Berufung des einzelnen zu fördern" und „selbst ein Beispiel der Heiligkeit ... geben in Liebe, Demut und Einfachheit des Lebens"!

  Weitere Canones zur Heiligkeit beziehen sich auf Ordensleute, Eheleute und diie „Heiligkeit der Orte".

- Katechismus der Katholischen Kirche

  Nach KKK 156 ergeht an alle Getauften der "Ruf zur Heiligkeit".

  In KKK 398 heißt es: „In den Stand der Heiligkeit gestellt, war der Mensch dazu bestimmt, von Gott in der Herrlichkeit völlig 'vergöttlicht' zu werden."

  Nach KKK 781 soll das Volk Gottes „ihm in Heiligkeit dienen".

  Nach KKK 824 erlangt die Kirche durch „die ganze Fülle der Hilfsmittel" und „mit der Gnade Gottes die Heiligkeit."

KKK 825: „'Die Kirche ist schon auf Erden durch eine wahre, wenn auch unvollkommene Heiligkeit ausgezeichnet' (LG 48). Sie muß in ihren Gliedern die vollkommene Heiligkeit erst noch erreichen."

KKK 941: „Die Laien haben am Priestertum Christi Anteil. Immer mehr mit ihm vereint, entfalten sie die Gnade der Taufe und Firmung in allen Bereichen des persönlichen, familiären, gesellschaftlichen und kirchlichen Lebens und kommen so dem an alle Getauften ergehenden Ruf zur Heiligkeit nach."

In KKK 2013 wird die Heiligkeit Gottes als Vorbild hingestellt: „ Alle sind zur Heiligkeit berufen: 'Ihr sollt also vollkommen sein, wie es auch euer himmlischer Vater ist' (Mt 5,48)"

KKK 2227: „Die Kinder tragen ihrerseits dazu bei, daß ihre Eltern an Heiligkeit zunehmen [Vgl. GS 48,4]."

Weitere Nummern zur Heiligkeit der Menschen sind: 827-829, 867, 943, 1426 und 1986.

- Benediktionale

Wir Menschen sollen Gott „furchtlos dienen in Heiligkeit und Gerechtigkeit".[56] So heißt es im Benediktionale auf Seite 46, im Rituale zur kirchlichen Begräbnisfeier auf Seite 329 und im Benediktus.

Auf Seite 118 heißt es im Gebet vor dem Primizsegen: „Offenbare durch sie der Welt das Geheimnis deiner Einheit und Heiligkeit und vollende uns in deiner Liebe."

Nach dem Gebet für die Menschen auf Seite 307 sollen diese „die Welt in Gerechtigkeit und Heiligkeit .... regieren".

- Rituale zur kirchlichen Begräbnisfeier

Auf Seite 189 heißt es im abschließenden Gebet auf dem Friedhof: „Dein Heiliger Geist geleite uns durch diese Welt in Heiligkeit und Gerechtigkeit alle Tage unseres Lebens,"

---

56 Auch hier ist wieder der Zusammenhang zwischen Heiligkeit und Gerechtigkeit. Ohne Gerechtigkeit kann es keine Heiligkeit geben.

Fazit

Im Hinblick auf „Heiligkeit" ist das Messbuch zwar mit Worten gefüllt, aber nicht immer mit bedachten Worten. Da es aber neben dem Lektionar ein wesentliches Buch der Verkündigung zu Aufbau und Stärkung des Glaubens ist, sollten besonders ihre Gebete mit großer Sorgfalt und Bedacht verfasst werden.

Gemessen an dem Begriff „Heiligkeit", weckt das vorliegende Messbuch den Eindruck einer Patchwork-Arbeit, bei der verschiedene Gruppen ihre Ergebnisse an die Redaktion abgaben und diese ungeprüft die einzelnen Komponenten zum Messbuch zusammensetzten. Hätte es eine prüfende Schlussredaktion gegeben, hätten es solche gravierende Unterschiede in den Aussagen nicht geben dürfen.

Betrachtet man dazu noch die Statistik der Worte im Messbuch, so stehen den 37 Stellen mit „Heiligkeit" 85 Stellen mit „Schuld", 69 Stellen mit „Sünde", 110 Stellen mit „Sünden" und 206 Stellen mit „Sünde..." gegenüber. Es werden zwar an 115 Stellen „Heilige" und an 745 Stellen „Heiligen" genannt, aber das sind die Anderen, die Guten. Wir, das gläubige Gottesvolk, sind die Sünder. Dies ist eine demoralisierende und niederdrückende Sichtweise. - Wünschenswert wäre, wenn im Messbuch der Ruf der „Heiligkeit" öfter genannt werden würde, als die Aussage, dass wir als sündige Menschen in Sünde leben. Der Ruf zur Heiligkeit wäre eine Zielvorgabe, auf die hin sich jeder Gläubige entwickeln könnte. Er würde in der Liturgie nicht immer von den Misserfolgen heruntergezogen werden, sondern könnte Hilfestellung auf dem Weg zu seiner Heiligkeit erfahren.[57]

---

57 AdV: Bei meinem eigenen geistlichen Leben habe ich erkannt, dass es mich lähmt, wenn ich ständig auf die Misserfolge schaue. Ich beschäftige mich damit, wohin will ich mich entwickeln. Mit der „Heiligkeit" habe ich ein Ziel, auf das ich mich hin weiterentwickeln will. Damit dieses Ziel nicht nur ein theoretischer Begriff ist, sondern auch möglichst konkret wird, lautet aktuell meine Zielvorgabe, immer mehr ein Liebender zu werden.

2.8.12 Liebe

Der Grad der Heiligkeit eines Menschen ist an seiner gelebten Liebe ablesbar. Vom „Grad der Heiligkeit" wird daher gesprochen, da im Messbuch Gott als der „Quell aller Heiligkeit" genannt ist und Gott damit die Heiligkeit an sich darstellt, wie es auch über die Liebe heißt:

Gott ist Liebe, und wer in der Liebe bleibt, bleibt in Gott und Gott bleibt in ihm. (1.Joh 4,16)

Diese Aussage findet sich nur zweimal im Messbuch, im 2. Kommunionvers des 2. und 10. Sonntags im Jahreskreis. In der Leseordnung für die Sonn- und Feiertage kommt es am 6. und 7. Sonntag der Osterzeit im Lesejahr B und am am Herz-Jesu-Fest im Lesejahr A vor. Dabei ist dies eine solch zentrale Aussage über Gott und sein Wesen.

Mit 1.Joh 4,16 drückt sich Gottes Heiligkeit in seiner Liebe aus. Erfahrbare Liebe ist somit ein Gradmesser der Heiligkeit.

Reine Lieblosigkeit (0% Liebe) ist das eine Ende des Spektrums der „Stufen der Heiligkeit". Gott (100% Liebe) bildet dazu das andere Ende. Wir Menschen sind irgendwo dazwischen, zwischen 0 und 99%. Die 100% werden wir wohl erst im Jenseits erreichen können, wenn der letzte Teil unserer Lieblosigkeit (Unheiligkeit) von uns genommen ist.

Vorbildliche Texte

und uns durch Taten der Liebe
auf seine Ankunft vorbereiten, (3)

Laß uns dieses unergründliche Geheimnis
im Glauben erfassen und in tätiger Liebe bekennen. (42)

und einander in der Liebe verbunden bleiben. (44)

und schütze uns in deiner nie versagenden Liebe. (46, 55, 59, 66, 69)

Hilf uns, umzukehren
und Taten der Buße und der Liebe zu vollbringen, (80)

damit Glaube, Hoffnung und Liebe in uns wachsen. (88)

damit wir das eine Notwendige suchen
und dich in Werken der Liebe verherrlichen. (94)

und hilf uns zu einem Leben,
das dem Geschenk deiner Liebe entspricht. (94)

Sieh auf unsere Not und laß uns Vergebung finden
durch Fasten, Gebet und Werke der Liebe. (105)

damit wir für dein Wort empfänglich werden,
bereit zu Gehorsam und Verzicht,
einmütig im Gebet
und eifrig in Werken der Liebe. (111)

Gib, daß wir in der Welt
den Geist Christi verbreiten
und seine Liebe bezeugen. (21)

daß sie wachse im Glauben und in der Liebe. (44)

und in der brüderlichen Liebe wachsen, (49)

Schenke uns den Geist deiner Liebe, (107)

Gib, daß die Erlösung, die wir gläubig feiern,
in täglichen Werken der Liebe -
an uns sichtbar wird. (149)

helfe uns, daß wir
in der Liebe zu dir und unseren Brüdern
Christus nachfolgen, (161, 171, 177, 192, 196,)

und mehre durch diese Feier unsere Liebe. (221)

Mach uns stark im Glauben,
in der Hoffnung und in der Liebe, (226)

Laß uns durch diese großen Gaben
in der Liebe wachsen (236)

mehre in uns den Glauben,
die Hoffnung und die Liebe. (243)

daß wir in der Liebe zu dir und unseren Brüdern
Christus nachfolgen, (248)

und eifrig in Werken der Liebe. (267)

Gib, daß alle, ...
eins werden im Glauben und in Werken der Liebe. (283)

damit Glaube, Hoffnung und Liebe in uns wachsen. (286)

und mehre durch diese Feier unsere Liebe. (291)

Lehre uns, daß die Liebe unser größter Reichtum ist (318)

Gib, daß wir nun selber Boten seiner Liebe werden, (529)

und Frucht bringen in Werken der Liebe. (611, 665)

Gib, daß auch wir in der Liebe fest verwurzelt (660)

damit wir den Glauben und die Liebe bewahren (684)

Veränderungswürdige Texte

Angelehnt an die Formulierungen zur Liebe, sind zum Frieden ähnliche Formulierungen vorstellbar:

Gott, du Ursprung der Liebe und des Friedens,

Ist Gott wirklich der Ursprung des Friedens? Wenn ja, dann müsste Krieg ein Zurückhalten des Friedens sein. Gott schenkt uns die Fähigkeit zum Frieden, aber Frieden müssen wir Menschen schließen und halten. Dies wurde am Ukraine-Krieg sehr deutlich. Solange nicht beide Konfliktparteien Frieden wollen, wird der Krieg fortgesetzt.

Gott, du Ursprung der Liebe,
du befähigst uns zum Frieden.

2.9 Zusammenfassung

Es gibt einige Themen, die im neuen Messbuch geändert werden sollten. Die in diesem Buch beschriebene Änderungswünsche sind:

1. Struktur des Messbuchs

    Die Teile der Messe für Fest- und Gedenktage erscheinen mitunter willkürlich gesetzt worden zu sein. Die Struktur des Messbuches sollte stringent und nachvollziehbar sein.

2. Gottesbilder

    Angstmachende Gottesbilder, die von Strafe, Zorn und Vernichtung sprechen, sollten im neuen Messbuch nicht mehr enthalten sein. Sie gründen auf dem Tun-Ergehen-Zusammenhang und sind theologisch unhaltbar.
    Auch sollte Gott nicht als das Über-Ich angesprochen werden, für das, was in der Verantwortung der Menschen liegt, so z.B. bei Krieg und Frieden.

3. Kommunionverse

    Es sollten von den Lesejahren A, B und C jeweils ein zum Evangelium passender Kommunionvers im Messbuch enthalten sein.

4. Schuld und Sünde

    Schuld und Sünde der Menschen sollten nicht übermäßig betont werden. Sie sollten sprachlich und inhaltlich der Form angepasst werden, wie es bereits in den Messen für die Verstorbenen formuliert ist.
    So sollten das allgemeine Schuldbekenntnis und die Kyrie-Rufe in möglichst offener Form – Schuld, Ängste, Sorgen, ... nennend - zusammengefasst werden.

5. Geschlechtergerechte Sprache.

    Die Sprache sollte tendenziell geschlechtergerecht gewählt werden, ohne ins absolute Gendern zu verfallen. So sollte z.B. nicht von „Sündern" gesprochen werden, sondern synonym von „sündigen Menschen", von „Schuldbeladenen", von „Reumütigen" oder von „Ungerechten".

6. Klagen

Im Messbuch sollten neben Loben, Preisen, Bitten und Danken die Klage als 5. Gebetsform aufgenommen werden. Gibt es in der Bibel doch die Klagelieder und die Klagepsalmen. Zudem betete Jesus am Kreuz zumindest den Anfang des Psalm 22: „Mein Gott, mein Gott, warum hast du mich verlassen?"

7. Krieg und Frieden

Krieg und Frieden sind von Menschen verursachte Zustände. Daher sollte Gott in der Bitte um Frieden nicht als Über-Ich angesprochen werden.
Gerechtigkeit ist eine wichtige Voraussetzung für Frieden und sollte daher auch so im Messbuch benannt werden.

Darüber hinaus sollten alle anderen kleineren, hier genannten Änderungswünsche im neuen Messbuch mit berücksichtigt werden.

3 Anhang

3.1 Begriffe im Messbuch

Begriffe	Anzahl
Gott	2.097
Jesu...	1.067
Geist	381
Liebe	492
liebe	6
Glaube	24
glaube	8
Hoffnung	72
Gnade	317
gnädig	138
Barmherzigkeit	26
Erbarmen	94
Freude	268
Freuden	9
Jubel	12
Schuld	85
Sünde	69
Sünden	110
Sünder	21
Umkehr	8
Vergebung...	34
Buße	38

Begriffe	Anzahl
Gott...	2.461
Geist...	656
Liebe...	508
liebe...	98
Glaube...	470
glaube....	57
hoffe....	20
Gnade...	342
gnädig...	147
Erbarmen...	123
freue	1
freuen	24
jubeln	14
Schuld...	113
Sünde...	206
sündigen	4
Sünder...	27
...umkehr...	6
vergeben...	12
büßen	-

Tab. 7 Statistik I der Worte im Messbuch

Begriffe	Anzahl
Josef...	47
Petrus...	77
Jungfrau...	192
Vater...	505
Mutter...	115
Heilig	85
Heilige	115
Heiligen	745
Heiligkeit	37
Gerechtigkeit	43
Friede	26
Frieden	164
Friedensgebet	4
Friedensgruß	11
Leid	13
Leiden	96
Tod	228
Trost	22
Trost...	27
Ewigkeit	311
ewig	26
Krieg	3

Begriffe	Anzahl
Maria...	256
Paulus...	56
jungfräulich...	38
väterlich...	6
mütterlich...	5
heilig	90
heilige	349
heiligen	627
heilig...	1.258
...gerecht....	41
Friede...	258
Friedensfürst	3
friedlich...	-
leiden	17
tot	5
trösten	1
tröst...	11
ewig...	489
Krieg...	10

Tab. 8 Statistik II der Worte im Messbuch